昭和遺産へ、
巡礼1703景

47都道府県108スポットから
ノスタルジックな佇まいを

平山 雄

303 BOOKS

［はじめに］

生まれ育った団地で感じた、懐かしさと清々しさとやすらぎを追い求めて

よく人から、「昭和のどんなところが好きなんですか？」と聞かれるのですが、じつのところ自分でもよくわからないのです。たとえば、誰でも一度くらいは異性に一目惚れをした経験があると思いますが、あの「ドキッ！」とする感情がなぜ起きるのか、うまく説明しろと言われても無理でしょう。そして、その衝撃は大きければ大きいほど言葉にするのが難しいはずです。僕にとって昭和とは、そのように直感的に強く惹きつけられるものであり、魅力はどこなのかと明確に答えられないものなのです。

10代の頃から古いものが好きで、当時から着る服はすべて昭和の古着、聴く音楽も60年代から80年代、バイクや車も旧車といった具合に、無意識のうちに古いものばかりを選んで生きてきました。そんなある日、昭和遺産巡礼のきっかけとなるできごとがありました。

今から22年前のこと。生まれ育った新宿区大久保に昔からある団地が、いよいよ再開発となって、取り壊されることになりました。最後にもう一度だけ見ておきたいと

久しぶりに訪れてみたのです。するとそこには、十数年前まで暮らしていた時となにも変わらない風景が残されていて、懐かしさと同時に、心が浄化されるような清々しさとやすらぎのようなものを感じました。その団地には僕が体験した昭和のすべてがあり、言うなれば、今の生活の原点ともなっているのです。

それから数ヶ月後、予定どおりその団地は取り壊され、跡形もなくなってしまいました。さらに気がつけば、近隣の馴れ親しんだ駅前の街並みもどんどん姿を変え、昔よく通った飲食店やレコード店もいつの間にか姿を消していました。

時代とともに街並みが変わるのは仕方のないことです。しかし、そんなできごとがたび重なり、「昭和時代の面影が残っている場所は今のうちに訪れたい！」「一度も訪れたことのない遠くの場所であっても、どこへでも足を運んで当時の雰囲気を味わいたい！」と強く思うようになっていったのです。

当初は活動範囲も狭く関東圏内を巡る程度で、写真を撮ることもほとんどありませんでしたが、ここ数年は、遊びに出かける時や旅行の際は、いつもカメラを持ち歩くようになり、気がつけば、全国47都道府県を巡り尽くすまでになっていました。

今までに訪ねた昭和遺産の数は、写真に収めている範囲で１７０３ヶ所になります。本書では、その中から特に印象に残っているものを厳選し、幅広いジャンルから１０８景をご紹介します。

◇ 目次 ◇

［はじめに］生まれ育った団地で感じた、懐かしさと清々しさとやすらぎを追い求めて……002

巡礼108景 全333カット

北海道　1　かに料理 かに太郎（白老郡）……012
〃　2　菊水小路（函館市）……014
〃　3　DRIVEIN いずみ（虻田郡）……015
〃　4　函館公園 こどものくに（函館市）……016
〃　5　室蘭市立絵鞆小学校（室蘭市）……017
青森県　6　第一食堂（三沢市）……018
〃　7　十和田観光電鉄 三沢駅（三沢市）……020
秋田県　8　ホテル 王朝（大館市）……021
〃　9　純喫茶 オリビア（北秋田市）……022
岩手県　10　軽食&コーヒー ソワレ（奥州市）……023
〃　11　靴のオガタ（花巻市）……024
山形県　12　純喫茶 ローリエ（鶴岡市）……026

◇ CONTENTS ◇

〃 13 寒河江市庁舎（寒河江市）…… 027
宮城県 14 珈琲 カンテラ（柴田郡）…… 028
福島県 15 杵屋食堂（いわき市）…… 029
〃 16 純喫茶 ウィンザー（いわき市）…… 030
茨城県 17 筑波山 コマ展望台（つくば市）…… 031
〃 18 カーホテル 恋路（桜川市）…… 032
〃 19 石岡看板建築群（石岡市）…… 034
栃木県 20 純喫茶 東京（宇都宮市）…… 035
〃 21 鬼怒川秘宝殿（日光市）…… 036
〃 22 純喫茶 カリーナ（宇都宮市）…… 037
〃 23 足尾銅山観光（日光市）…… 038
群馬県 24 アプトの道 めがね橋（安中市）…… 040
〃 25 レストラン ニューアルプス（安中市）…… 041
〃 26 桐生が岡遊園地（桐生市）…… 042
〃 27 つつじが岡公園（館林市）…… 043
〃 28 高崎観音山丘陵（高崎市）…… 044
〃 29 喫茶 ロイヤル（甘楽郡）…… 046
千葉県 30 白浜フラワーパーク 食堂（南房総市）…… 047

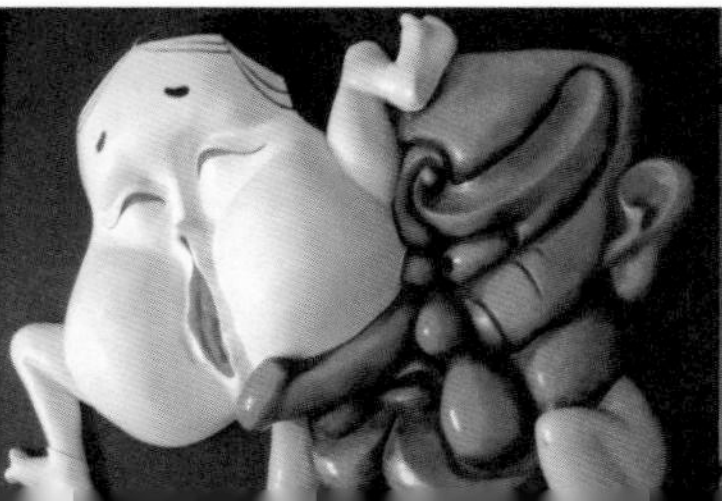

◇ 目次 ◇

埼玉県 31 レストラン はじめや（本庄市）……048
〃 32 アライセントラルボウル（深谷市）……049
〃 33 宝登山ロープウェイ（秩父郡）……050
〃 34 カフェテラス コーヒー マハロ（飯能市）……052
〃 35 黒山三滝 三滝みやげ（入間郡）……053
東京都 36 靖国神社 外苑休憩所（千代田区）……054
〃 37 オールドインペリアルバー（千代田区）……055
〃 38 上野公園 東照宮第一売店（台東区）……056
〃 39 代々木会館（渋谷区）……058
〃 40 フルーツパーラ たなか（目黒区）……059
〃 41 道玄坂 看板建築群（渋谷区）……060
〃 42 下北沢駅前食品市場（世田谷区）……061
〃 43 パンとケーキ 文明軒（渋谷区）……062
〃 44 COFFEE & SNACK ミロン（中野区）……064
〃 45 コーヒーショップ あかしや（足立区）……065
神奈川県 46 相模湖公園（相模原市）……066
新潟県 47 純喫茶 ゆり（三条市）……067
〃 48 時間が止まった電気店（非公開）……068

◇ CONTENTS ◇

49 〃 ホテル 公楽園（燕市）…… 070
50 〃 喫茶 ニューコロムビア（長岡市）…… 071
51 長野県 ドライブイン 軽井沢（北佐久郡）…… 072
52 〃 喫茶 カド（佐久市）…… 073
53 〃 小料理 焼肉 たつみ（佐久市）…… 074
54 山梨県 レストラン 鮮笑（富士吉田市）…… 076
55 〃 純喫茶 旅苑（都留市）…… 077
56 〃 ホテル 展望（笛吹市）…… 078
57 静岡県 アーケード名店街（沼津市）…… 080
58 〃 玄岳ドライブイン（熱海市）…… 081
59 〃 ハトヤ ホテル（伊東市）…… 082
60 富山県 氷見中央町商店会（氷見市）…… 083
61 石川県 金沢中央味食街（金沢市）…… 084
62 〃 純喫茶 ローレンス（金沢市）…… 086
63 福井県 東尋坊タワー（坂井市）…… 087
64 岐阜県 レンガ通り商店街（岐阜市）…… 088
65 〃 和洋酒 総合食料品 西村商店（不破郡）…… 089
66 〃 問屋町中央ビル（岐阜市）…… 090

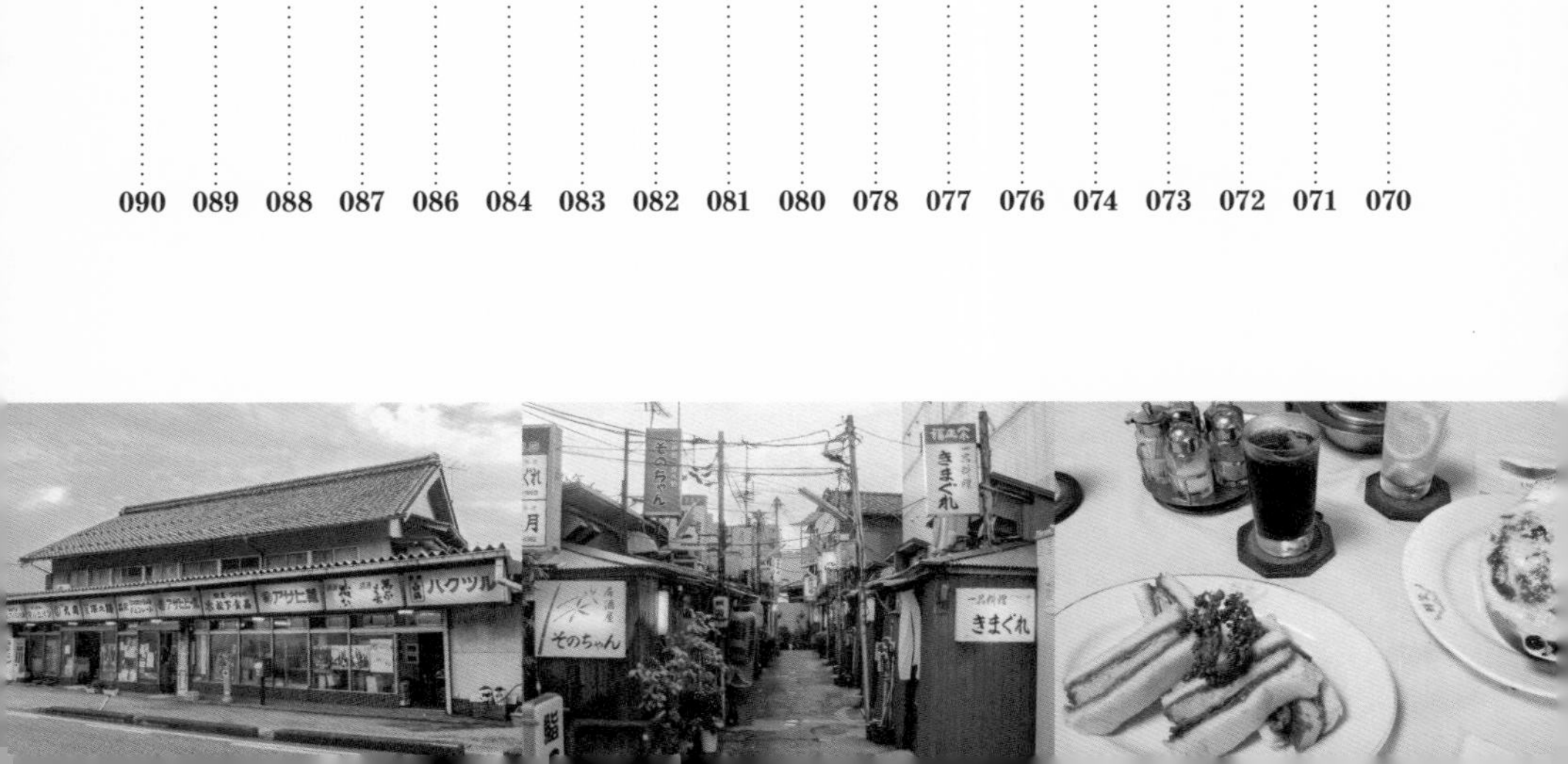

◇ 目次 ◇

67 愛知県 COFFEE サン（名古屋市）……091

68 〃 ホテル 伍萬石（岡崎市）……092

69 〃 ドライブイン こばやし（岡崎市）……094

70 〃 鉢地坂モーテル群（岡崎市）……095

71 三重県 和洋食 喫茶 若草堂（伊勢市）……096

72 〃 三和商店街（四日市市）……097

73 〃 銀座商店街［銀座街］（桑名市）……098

74 〃 珈琲 ロスカ（鈴鹿市）……100

75 滋賀県 喫茶 パーラー 風月（彦根市）……101

76 京都府 京都タワー名店街 食堂ビル（京都市）……102

77 奈良県 吉野ロープウェイ（吉野郡）……103

78 大阪府 山王市場通商店街（大阪市）……104

79 〃 喫茶 タンポポ（大阪市）……106

80 〃 玉二商店街（大阪市）……107

81 和歌山県 廃線 紀州鉄道 踏切跡（御坊市）……108

82 〃 COFFEE チャンピオン（田辺市）……109

83 〃 立ち呑み 酒一（和歌山市）……110

84 兵庫県 回転展望台 喫茶 手柄ポート（姫路市）……112

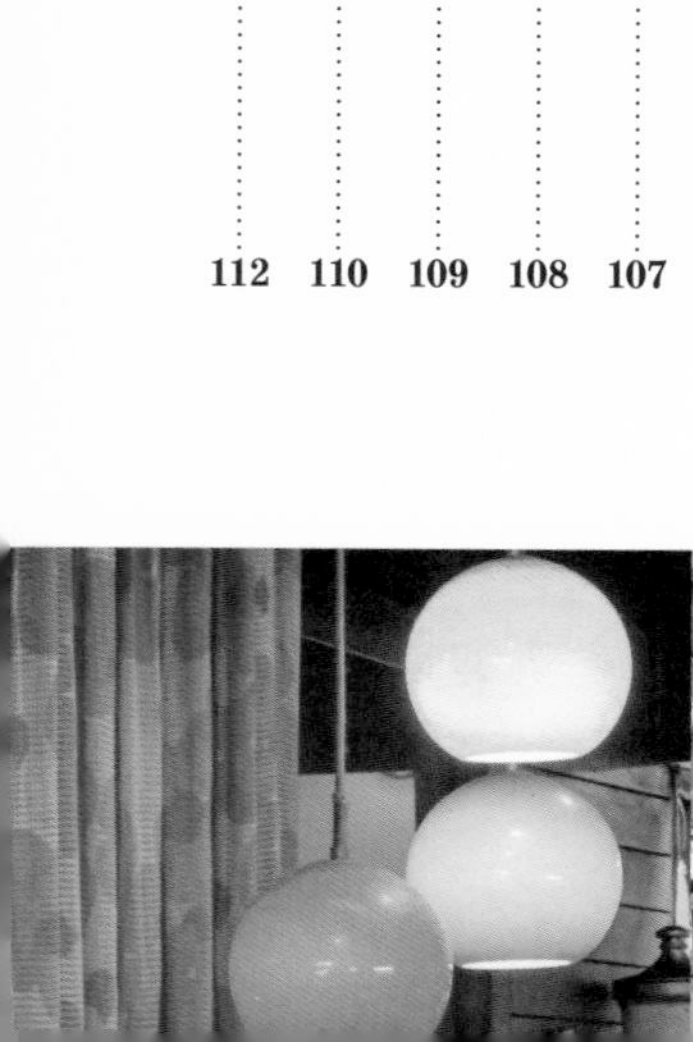

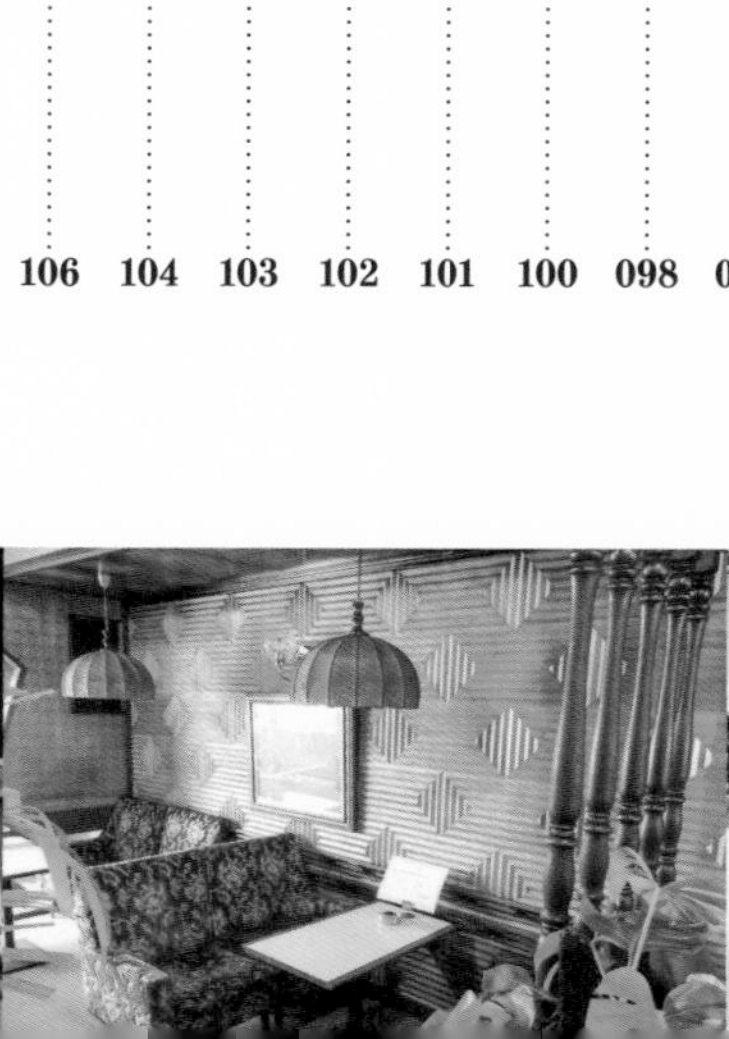

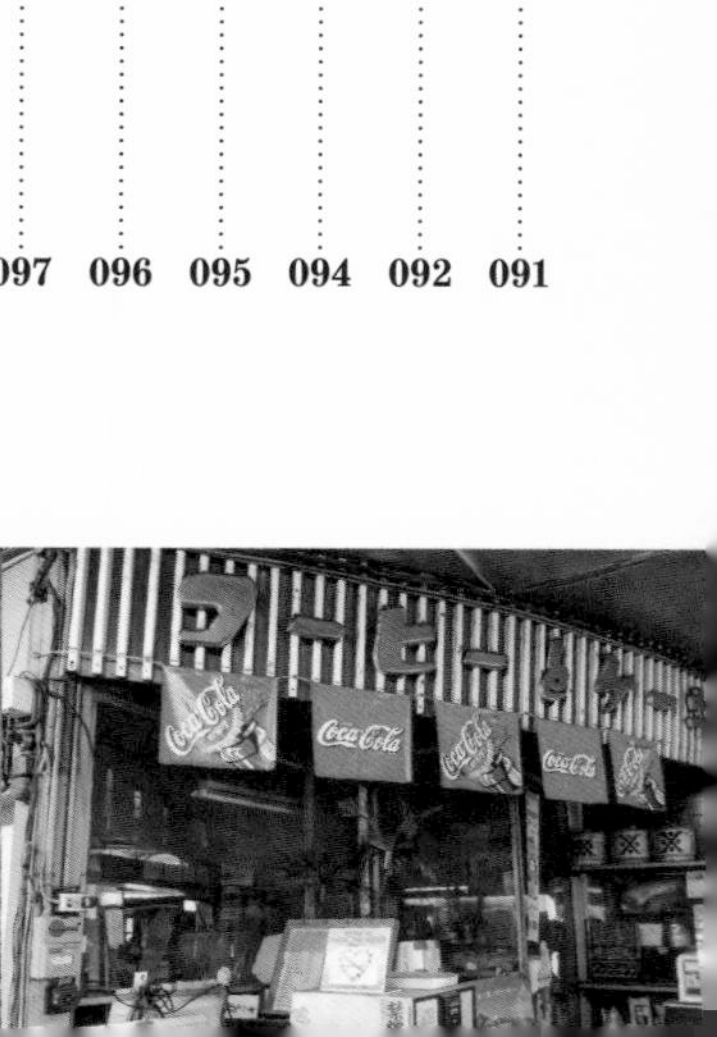

◇ CONTENTS ◇

〃 85 Tea Room ヤマト（明石市）……113
〃 86 神戸新鮮市場 東山商店街（神戸市）……114
鳥取県 87 喫茶 エルボン（米子市）……115
〃 88 砂丘パレス（鳥取市）……116
島根県 89 大田市駅前通り（大田市）……117
岡山県 90 通町商店街（倉敷市）……118
広島県 91 ヌードの殿堂 広島第一劇場（呉市）……120
山口県 92 長沢ガーデン（防府市）……121
香川県 93 オッペン化粧品 四国教育センター（綾歌郡）……122
〃 94 焼肉 大門（高松市）……123
徳島県 95 ラブリーサロン ノンノン（徳島市）……124
愛媛県 96 通町1丁目周辺（今治市）……125
高知県 97 COFFEE ラテン（高知市）……126
福岡県 98 旦過市場（北九州市）……127
〃 99 ラーメン屋台（久留米市）……128
佐賀県 100 水ヶ江1丁目周辺（佐賀市）……129
長崎県 101 長崎歓楽街（長崎市）……130
〃 102 日新ビル（長崎市）……132

◇ 目次 ◇

大分県 103 成人映画館 別府ニュー南映（別府市）…… 133

熊本県 104 喫茶 ミミ（熊本市）…… 134

宮崎県 105 青空ショッピングセンター（宮崎市）…… 135

〃 106 西都城駅前ビル（都城市）…… 136

鹿児島県 107 名山町商店街（鹿児島市）…… 137

沖縄県 108 第一牧志公設市場（那覇市）…… 138

昭和な住宅に住んでいるのです …… 140

全国昭和遺産巡礼「1703スポット」全リスト …… 145

昭和遺産 47都道府県 巡礼MAP「写真で紹介の108スポット」…… 154

［解説］ 石黒謙吾 酸味と甘味と苦味と雑味による「郷愁」は 遺伝子に組み込まれた素敵な感情なのかも …… 156

［おわりに］ 続けていればいいことがある、という実感が …… 158

巡礼108景
全333カット

すでに廃業や取り壊しなどによって
なくなっているスポットもありますが、
リアルな記録として残しておきたく、
執筆時ではなく、「巡礼」した時点での
レポートとして記しています。

1

かに料理 かに太郎

「かにめし」は人気があるので、昼時を過ぎると品切れになることもあります。味はちらし寿司に近いかなぁ。かにのほかにもタケノコや玉子が乗っています。

海沿いに建つ
ギザギザ10角形屋根

ここは室蘭街道。屋根がギザギザになっていて、まるで王冠のような外観です。窓の外にはすぐ海が見えるというロケーションもうれしい。地元の人でも廃墟と思っている人が多いようですが、立派な現役店です。

店内は外から想像するよりも広く、照明器具も個性的。窓辺には、古いレジスター、木炭コンロ、文机など、お店の歴史を感じさせるものがいろいろと置かれています。

席は窓に沿って、ぐるっと一周が小上がりになっています。窓に傾斜があるため、座ると錯覚で床が斜めになっているように感じるのがちょっと面白い。道内でもっとも再訪したいお店です。

場所

北海道・白老郡

ジャンル

食事処・甘味

巡礼日

2015.8

2

菊水小路

函館駅前の小さな横丁。以前はこの先に遊郭街があり、横丁の2階はすべて、そこで働く芸者や遊女を抱える置屋になっていたことから「親不孝小路」とも呼ばれています。頭上に連なる、ホーロー電傘《でんがさ》と鉄骨が味わい深いです。

遊郭に続く横丁の2階は置屋だった

まだ午前中なので営業している気配はどこにもありませんが、夜の賑わいを想像しながら横丁を通り抜けました。

水玉模様があしらわれた看板に一目惚れ！ 看板が2つ並んでいるのも素敵。いつまでも眺めていたくなる風景です。

場所	ジャンル	巡礼日
北海道・函館市	酒場・横丁	2015.8

3

DRIVEIN いずみ

国道沿いは飲食店が少ないので、ドライバーにとって大変ありがたい存在です。開業したのは70年代と思われますが、その当時としては特別でない普通っぽさが、よりいっそうタイムスリップ感を味わわせてくれます。

国道沿いに出現する直球なメニューの文字

場所

北海道・虻田郡

ジャンル

巡礼日

2015.8

とても目立つ外観なので、見落とすことはないでしょうね。そもそも設計にはそういう狙いがあったのかもしれませんが。

交互に並べられた白と黄色の椅子がズラリ。押しつけがましくない内装で、ここまでまとまりのあるお店は希少です。

函館公園 こどものくに

4

函館山の麓にある、昭和31年開園の遊園地。回転ブランコ、観覧車、メリーゴーランドなどの遊具がどれも古く、昭和好きの人なら眺めているだけでもじゅうぶん楽しめてしまうので、大人1人で遊びに行っても退屈しません。

現存する国内最古の観覧車有り升

場所

北海道・函館市

ジャンル

巡礼日

2015.8

特に注目すべき遊具は観覧車。なんと、現存する国内最古の観覧車だそうで、国の有形文化財にも登録されています。

入園料はなんと無料！　遊具は1回の乗車がどれでも300円なので、乗りたい分だけのきっぷを売り場で購入するシステムになっています。

室蘭市立絵《え》鞆《とも》小学校

5

絵鞆半島の最北部にある円形校舎。建設されたのは、ベビーブームで子供が急増した昭和33年。この時代の円形校舎は国内に数えるほどしか残っていませんが、その貴重な円形校舎が驚くことに２棟並んでいるのです。

円形と直線の絡みも美しい貴重な校舎

場所

北海道・室蘭市

ジャンル

ビル・建造物

巡礼日

2015.8

円形と直線の校舎の絡みも美しく、どの角度から見ても絵になります。こんな素敵な学校で、一度でいいから授業を受けてみたかったなぁ。

最大限に日差しを取り込めるように全面ガラス窓になっています。最上階が張り出しているところや、煙突が屋根ギリギリに立っている感じもカッコイイ。

6

第一食堂

うろこ状の「下見板張り」の朽ち方が美しい

これほどまでに味のある外観の食堂は、全国を探してもなかなかないでしょう。古さはもとより、とにかく全体の作りが小さいことに驚かされます。平均的な身長の大人なら、少しかがまないと入れないほど。

ざるそばを注文しましたが、予想以上に量が多くてびっくりしました。そばはツルツル、海苔もたっぷり、つゆも出汁がきいていて、好みの味でした。また食べに行きたい！

暖《の》簾《れん》がしまわれているので休業と思いながら、ダメ元で戸を叩いてみると、お店のおばさんが出てきてくれました。どうやら、これからお店を開けるところだったようです。

テーブルには「ブルドック」のウスターソース、「S&B」の一味唐辛子、「味の素」などの市販品の調味料がいろいろ置かれていて、庶民感テイストも濃いめです。落ち着く店内だなー。

場所

青森県・三沢市

ジャンル

食事処・甘味

巡礼日

2015.8

7

十和田観光電鉄 三沢駅

2012年に廃止となった十和田観光電鉄。その三沢駅が、現在使われている「青い森鉄道」の三沢駅の隣りに残されていました！　見たところ、現役時代から特に手を加えられた様子もありません。ストライプの壁に感動（泣）。

使われなくなった駅舎はバスの待合室に

ホームでのひし形状の屋根は初めて見ました。電車は通らないので、駅舎はバス乗り場の待合室として使われていました。

駅舎内も昭和時代から何も変わっていないようです。嬉しいことに、そば屋さんがあったので、迷わず入店してカレーうどんを頂きました。

場所	ジャンル	巡礼日
青森県・三沢市	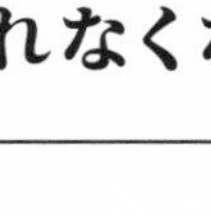 廃線跡	2015.8

8

ホテル 王朝

秋田県の最北。周辺には駅も高速道路もなく畑や森ばかり。そんな、ひと気のない静かな暗闇に、ピンク色の魅惑的な看板がひっそりと立っていました。部屋も開いているようなので、迷わず入室することに決めたのです。

大阪万博テイストの建物がカワイイ

洋室を選びました。部屋はわりとシンプルで、壁にあるアール窓のようなくぼみが、昭和の雰囲気を醸し出しています。

ここで一番気に入ったところは外観です。大阪万博（EXPO'70）開催当時の流行を感じさせるカラフルな壁や、曲線が多用された屋根がカワイイです！

場所	ジャンル	巡礼日
秋田県・大館市		2013.6

9

純喫茶 オリビア

これぞ、純喫茶。今では見かけることが少なくなった、貴重なツタ模様の金物パーテーション、壁の青色に縁取られた連続アーチ、幾何学模様のおしゃれな壁紙、渋い照明器具の数々……何から何まで素晴らしい内装です。

ツタ模様の金物パーテーションがレア

お店はビルの２階にあります。こんな素敵なお店が家の近所にあったら、常連になること間違いなしです。

店内にＢＧＭで流れていた、九重佑三子さんが唄う「ラスト・ワルツ」が、お店の雰囲気にとてもマッチしていました。

場所	ジャンル	巡礼日
秋田県・北秋田市	 喫茶店	2013.6

10

軽食&コーヒー ソワレ

京都にある「喫茶 ソワレ」は超有名店ですが、北国のマイナーな地にも、超ド級のソワレがあった！ 店内には時代感を損ねるポスターなどはいっさい貼られておらず、完璧と言っていいほど昭和から時間が止まったままです。

マスター直々にデザインされた内装

場所

岩手県・奥州市

ジャンル

巡礼日

2013.6

マスターはとても親切な方で、このあと県内をもう少し旅行すると伝えると、旅行雑誌で情報をいろいろ調べてくれました。

内装はすべてマスターのデザインによるものだそうで、紅《こう》葉《よう》の絵画もお店の雰囲気にぴったりでとてもオシャレです。

11

靴のオガタ

麻丘めぐみにツイッギー 60~70年代の宝箱

見るからに、古くからこの地で商売を続けてきたであろうと思わせる、年季の入った建物。ショーウィンドウに吊るされたカラフルな照明に引き寄せられ迷わず入店すると、店内は丸ごと宝箱でした。

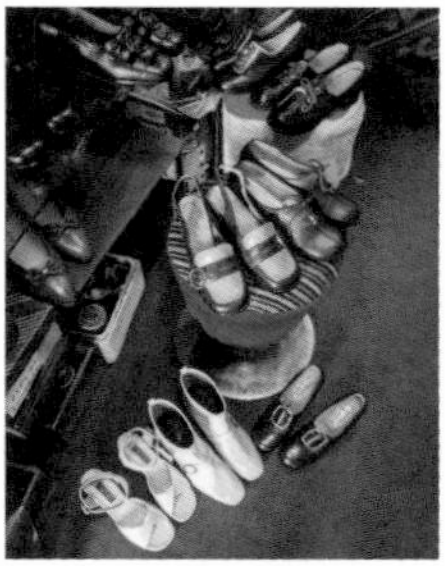

この時代の靴はなかなか出逢えないので、買えるだけ買いました。旅行中の急な出費でちょっと痛かったですが……。

靴は女性用が多く、60年代から70年代のものがほとんどです。麻丘めぐみさんが履いていそうなパンプスもたくさんあります。これはいくらお金があっても足りません！

60年代に一世を風靡したイギリスの女優、ツイッギーさん御用達的な、赤や白のエナメルのハーフブーツもあります。ほしいものだらけで鼻息が荒くなってきました(笑)。

場所

岩手県・花巻市

ジャンル

巡礼日

2013.6

12

純喫茶 ローリエ

以前から入店したかった、鶴岡駅前の喫茶店。店内はプラネタリウムのようなイルミネーションや、豪華なシャンデリアなど見どころが満載ですが、一番のお気に入りは、丸い模様の壁アート。初めて見るのに、どこか懐かしい。

丸い模様の壁アートに心惹かれる

場所

山形県・鶴岡市

ジャンル

巡礼日

2013.3

開業は昭和50年だそうです。頂いたボリュームたっぷりのホットサンドと苦いコーヒーの味は、一生忘れません。

冬の朝に訪問したので店内は寒かったのですが、すぐにママさんが練炭コンロを席まで運んできてくれました。気持ちも心も温まるなぁ。

13

寒《さ》河《が》江《え》市庁舎

役所というと、飾り気のないイメージがありますが、その思い込みを一瞬で吹き飛ばします！　それもそのはず、この市庁舎は、黒川紀章氏と岡本太郎氏のコラボなのです！　ロビーに吊るされたオブジェは岡本氏によるもの。

黒川紀章氏と岡本太郎氏のコラボ！

場所

山形県・寒河江市

ジャンル

ビル・建造物

巡礼日

2013.3

完成は昭和42年。半世紀以上も前と思えないほど、随所に斬新さと奇抜さが！　ドアの取っ手も、芸術が爆発しています（笑）。

外観は、上の階が大きく張り出しています。銀座の「中銀カプセルタワービル」を設計した黒川氏らしい発想です。

14

珈琲 カンテラ

ここは、「一目千本桜」で知られる白石《しろいし》川のほとり。宮城県は、昭和時代に開業した個人経営の喫茶店が比較的少ないイメージがありますが、偶然にも、旅の途中で出逢ってしまった、料理がとても美味しい喫茶店。

つながったトンカツ屋から食事が届く

お隣りのトンカツ屋と店内がつながっているようで、注文したカツ丼とそばが、お隣りから運ばれてきました。本格的な食事が楽しめる喫茶店は貴重です。

昭和時代から何も変わっていないと思われる、とても落ち着く店内。それに加え、ママさんがとてもキレイです。

場所	ジャンル	巡礼日
宮城県・柴田郡	喫茶店	2013.6

15

杵屋食堂

偶然に見つけた食堂のドアを開け、お店のおばさんに「飲み物だけでも大丈夫ですか？」と聞くと、微笑むこともなく、「大丈夫よ、休んでいきなさい」と、まるでオフクロのような調子で返事が戻ってきました(笑)。

「お金いらないわよ」……おばさん最高

場所

福島県・いわき市

ジャンル

食事処・甘味

巡礼日

2013.1

メニューの飲み物はコーラだけだったので必然的にコーラを注文すると、「コーラないのよ」……まるでコントです(笑)。「インスタントコーヒーならあるけど」「じゃあ、それお願いします」「これからどこへ行くの？」「特に行き先は決めてないんです」「じゃあ、スパリゾートハワイアンズに行きなさいよ。すごくイイ所よ」「へー」「行ったことないけど」ほとんどギャグです(笑)。「ごちそうさま。お勘定お願いします」「お金いらないわよ」「いやいや、それは困ります」「インスタントだし」「でも、それじゃ商売にならないじゃないですか。500円払います」と、お金を渡してお店を出ました。ここのおばさん、天然ぶりがもう、最高です。

16

純喫茶 ウィンザー

いわき市で入った喫茶店の中で、もっとも印象に残ったお店。ママさんは水商売系な雰囲気のオープンなお人柄で、コーヒーを注文すると「ウチのコーヒーは美味しいわよ。もう45年もやってるんだもの」と、自信満々です。

ママさんのやさしさが心に沁みて

場所

福島県・いわき市

ジャンル

喫茶店

巡礼日

2013.1

すっかり意気投合し、時間を忘れておしゃべり。すると、話の流れでママさんが迷いを打ち明けてくれました。「そろそろお店をやめようと思ってるのよ」「もっと続けてくださいよ。こんなに素晴らしいお店、もったいないですよ」「そんなにホメてくれるなら、もう少しがんばろうかしら……」。そして、お勘定を済ませ、店頭に路駐していた車に乗り込むと、ママさんがお店から出てきて、「ここに停めてたの？　ダメじゃないの。私の家、ここから近いから、次回は家に停めなさいね。その時に店はもうないかもしれないけど」と、やさしく叱って頂きました。最後のひと言が寂しいですが、ママさんのやさしさが心に沁みました。

筑波山 コマ展望台

17

「ガマの油売り」で有名な筑波山は、昭和遺産の宝庫です。ケーブルカーや、山麓駅周辺に軒を連ねる昔ながらの土産《みやげ》屋や飲食店。そして、山頂にある展望食堂も、タイムスリップ感がハンパじゃない！

国内で2番目に古いケーブルカー

場所

茨城県
・
つくば市

ジャンル

観光地

巡礼日

2012.7

山頂のコマ展望台。建設されたのは、おそらく高度経済成長期の真っただ中だと思いますが、外観は当時の雰囲気がそのまま保たれています。

ケーブルカーの車内アナウンスによると、創業は大正14年。関東では箱根に次いで２番目に古いケーブルカーだそうです（車両は後年に製造されたもの）。

18

カーホテル 恋路

一般家庭のような瓦屋根・和室・電灯

飲食店の場合、建物が古くても味があればファンは付きますが、モーテルはそうもいかない業種なので、古い内装の物件を探すのは至難の業です。湯が流れる岩風呂を目にした時は、アドレナリンが吹き出ました。

敷地内には、垣根で囲われた瓦屋根の小さな戸建てがいくつも並んでいます。地方ならどこにでもありそうな普通の住宅街のようで、それが逆に異様です。

室内は期待どおり、昭和時代の面影を色濃く残した和室でした。天井に吊るされた電灯が一般家庭用で落ち着くなぁ。枕元で緑色に灯る間接照明は少々不気味ですが、それくらいが丁度いいです。

カーホテルと表記されたモーテルにお目にかかるのは初です。「恋路」という名前も演歌チックで好み。これだけ満足できて、宿泊料はたった３０００円。今まで泊まった物件で一番安いです。

場所

茨城県・桜川市

ジャンル

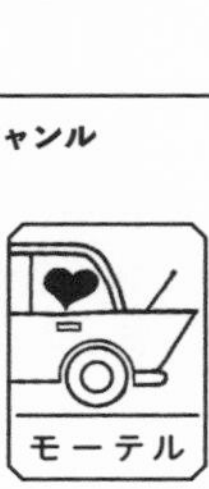

巡礼日

2013.2

19

石岡看板建築群

石岡市の中町通り沿いには、昭和初期に建設された看板建築が密集しています。中でも特に目を引く「十七屋履物店」が建設されたのは昭和5年。タイルの張り方や立体の文字など、見れば見るほど凝ったつくりをしています。

堂々たる存在感を90年間保ち続ける

場所

茨城県・石岡市

ジャンル

巡礼日

2013.2

ファサードに銅板などの金属系外装材が使用された看板建築が3軒も並んでいます。存在感あるなぁ。まるで、映画のセットのような佇まいです。

世代的に懐かしさのようなものはありませんが、90年もの間、この姿を保ち続けていると思うと、なんだか愛おしくなります。

20

純喫茶 東京

なんともストレートなネーミング。思わず、ロス・プリモスの「ラブユー東京」が脳内を流れます。現在、この喫茶店は存在せず、ビルの外観だけが当時の面影を残しています。

ネオンサインまで現存するレアな大箱物件

場所

栃木県・宇都宮市

ジャンル

ビル・建造物

巡礼日

2012.9

無数に並んだ幾何学的な外壁が、じつに都会的です。屋上のネオンサインが斜め向きなのもポイント。現在はビルの高さが隣に負けて埋もれ気味ですが、竣工当時はきっとこのあたりで一番目立つビルだったことでしょう。フロアは、2～4階が喫茶店で、5階が「麻雀トンキン」。このビルに関する情報がほとんどないので定かではありませんが、これだけの規模だとおそらく1階はロビーでしょうし、トンキンとは中国語の日本語読みで東京なので、喫茶と麻雀のオーナーが同じだった可能性も高い。なので、このビル自体を1つの喫茶店跡と考えて良いと思われます。店舗のみならず、ネオンサインまでが現存する純喫茶としては、国内最大規模ではないでしょうか。

21

鬼怒川秘宝殿

日本有数の温泉街、鬼怒川の秘宝館。館内に入るとすぐ、任侠映画から飛び出してきたような着物姿の「お竜」が、仁義を切って迎えてくれました。もちろん蝋《ろう》人形ですが、やはり、アソコが気になって仕方がありません。

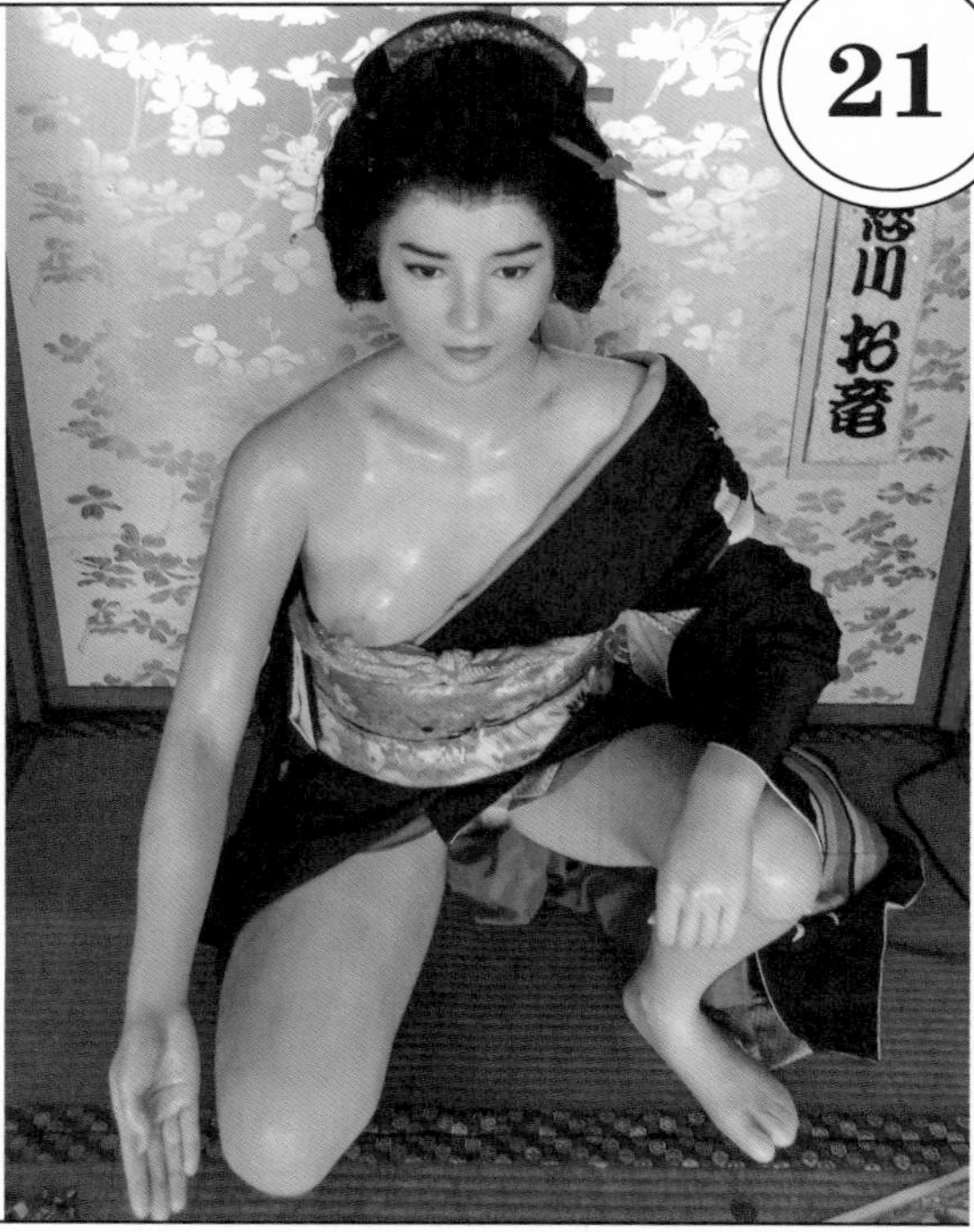

リアリティと淫猥さが同居する魔境

場所

栃木県・日光市

ジャンル

アダルト

巡礼日

2014.12

全部を見て回った率直な感想として、蝋人形が予想以上にリアルで驚きました。ここまで本物そっくりだと、魂が宿ったりしないのかな？　などと思ってしまいます（汗）。

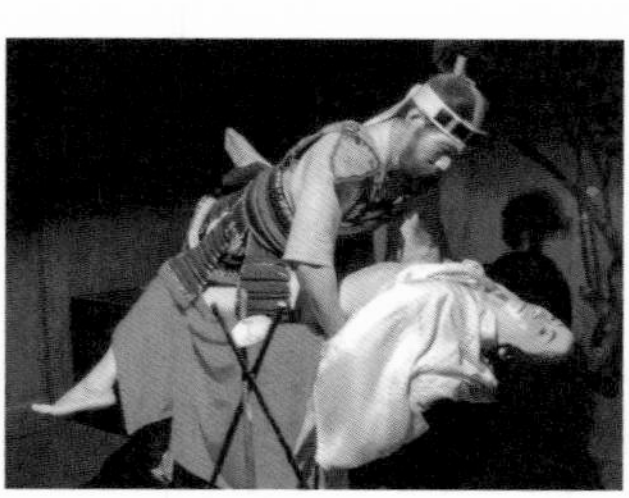

いくさで興奮したようです。「白い巨塔」の財前五郎（田宮二郎）が、オペのあとにヤリたくなるのと同じ衝動かもしれません。それにしても、お姉さんの顔が無表情過ぎです！（笑）

22

純喫茶 カリーナ

昭和48年に開業。「カリーナ」と聞いて真っ先に連想するのは自動車。ママさんに伺ったところ、店名の由来は予想どおりでしたが、そのあとに、ちょっとあり得ないような驚きの事実が判明するのです……。

食器棚に光るエンブレムには……

場所

栃木県・宇都宮市

ジャンル

巡礼日

2014.8

「カリーナのエムブレム、撮っていいですか？」「そんなものがあったなんて、今まで気がつかなかった！」毎日お店にいて気がつかないって（笑）。

二代目になるというママさんは、とても明るくやさしいお人柄。僕の中で、親しみやすさナンバー１のママさんかもしれない。

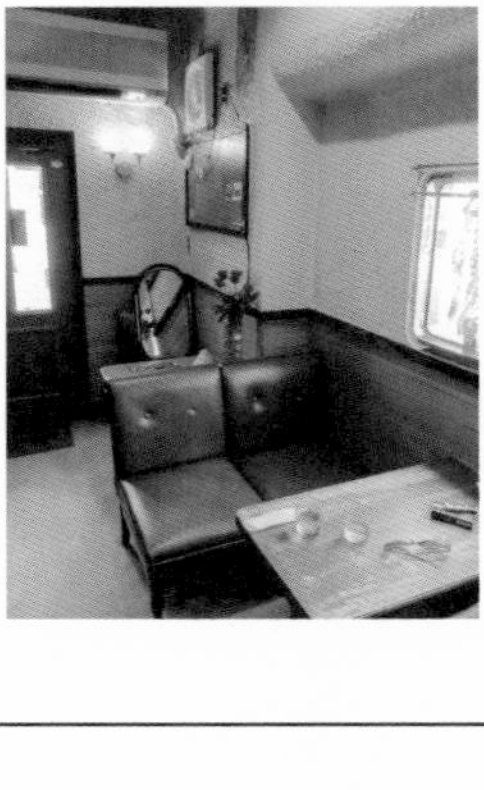

23

足尾銅山観光

レストハウスの２階へ上がると「ヒロⅡ世」という喫茶店がありました。こういう予期せぬ展開、最高です。窓から見える山を眺めながら、コーヒーを頂きました。

トロッコに乗りつつ
蝋人形を愛で感慨に浸る

400年もの歴史がある足尾銅山。かつては日本一の銅産出量を誇っていましたが、昭和48年に閉山。その後、昭和55年に観光施設として生まれ変わり、一般の人でもトロッコに乗れるレアなスポットになりました。

坑内には、その昔、ここで働いていた人たちを再現した蝋人形が、あちこちに展示されています。本物の人間のようにリアルなので、ちょっと怖いです(汗)。

場所

栃木県・日光市

ジャンル

観光地

巡礼日

2014.12

敷地内にあるレストハウスには、特産の「そばもち」やせんべいのほか、何十年も売れ残り続けている(!?)はずのアクセサリーなどもあります。その中から指輪を３つ購入しました。

アプトの道 めがね橋

24

碓氷《うすい》峠にある旧国鉄信越本線の廃線跡。現在は整備され遊歩道になっているのですが、その目玉と言える碓氷第三橋梁（通称：めがね橋）が、とにかく大きい！　巨大建造物が苦手な人なら、きっと震えます（怖）。

廃線跡の目玉は橋梁とトンネル

場所

群馬県
・
安中《あんなか》市

ジャンル

巡礼日

2014.6

トンネルの中はレンガで覆われています。ところどころレンガが欠落していて、人が１つ１つ手で組み上げた感じが生々しく伝わってきます。

スタート地点の横川《よこかわ》駅からめがね橋までの距離は6kmほどと遠く、ゆるい上り坂なので、歩くだけでもかなり疲れます。

レストラン ニューアルプス

25

衝撃の外観！　かまぼこのような形をした７連テントが、強烈なインパクトを放っています。建物を支える脚が鉄骨むき出しで、まるで70年代のSF映画に出てくるゴツゴツした宇宙船が停まっているかのようです。

70年代SF映画の宇宙船がここに

ポークソテーを頂きましたが、お肉がジューシー！　添えられたタマネギやピーマンも卵でとじられていて、美味しかったです。また食べに行きたい！

店内には色鮮やかなチューリップ型のライトがたくさん吊るされています。キレイだなー。夢のような空間です。

場所	ジャンル	巡礼日
群馬県・安中市	レストラン	2012.12

26

桐生が岡遊園地

ズバリ！　日本でもっとも昭和の面影を残す遊園地だと思います！　開園は昭和46年。園内には当時からずっと現役で稼働している遊具がたくさんあり、タイムスリップ感を存分に味わうことができます。しかも、入園無料！

昭和時代からの遊具が現役で稼働中！

場所

群馬県
・
桐生《きりゅう》市

ジャンル

巡礼日

2012.6

サイクルモノレールもあります。丘の上なので眺めも良く空気も美味しい！　遊園地の向かいには入園無料の動物園もあるので、併せて楽しめます。

園内中央にある噴水広場。この時代の噴水が健在なのは貴重です。観覧車やカラフルなテントも昭和の雰囲気そのまま！

27

つつじが岡公園

国内有数のつつじ公園。つつじの季節になると、大勢の観光客で賑わいます。園内には昔ながらの土産屋や食事処がたくさんあるので、つつじに興味がない人でも思いっきり楽しめるのが大きな魅力です！

食堂では昭和歌謡のBGMに包まれて

場所

群馬県
・
館《たて》林《ばやし》市

ジャンル

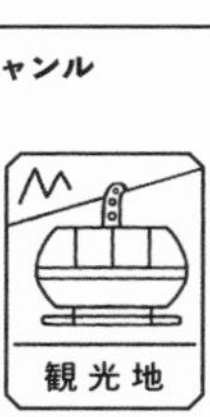

巡礼日

2012.5

サンプルメニューも昭和時代から使い続けているもののようで、色あせ具合いがいい感じです。公園には大きな沼もあり、ボート乗りも楽しめます。

食堂のBGMは、毎年いつ来ても昭和歌謡です。今年は、奥村チヨさんの「終着駅」や、北原ミレイさんの「ざんげの値打ちもない」などを聴きながら、やきとりや天ぷらそばを頂きました。

28

高崎観音山丘陵

参道の土産屋や食事処は完全に昭和のままで

昭和11年建立《こんりゅう》の高崎白衣《びゃくえ》大観音。高さは41.8mもあり、特撮映画さながらの迫力です！　山頂にある大観音へ続く参道には、昔ながらの土産屋や食事処が軒を連ね、買い物や食事も楽しめます。

参拝したあと、参道にある食事処に入り、見晴らしのよい座敷で親子丼を頂きました。猫の置き物は、土産屋で救出したもので、とても気に入っています。

参道の上のほうにある「観音みやげ」は、昭和の面影があるというレベルではなく、完全に当時のままです。手書きのトタン看板やテントが、朱色で揃っているのもカワイイ。

店頭で味噌おでんが売られていると、つい衝動買いしてしまいます。大観音を眺めながら頂きました。高崎観音山丘陵には、石仏が39体も祀られている「洞窟観音」もあります。

場所

群馬県・高崎市

ジャンル

観光地

巡礼日

2013.5

29

喫茶 ロイヤル

僕が、内外装のディテールに強いこだわりを持つ理由は、昭和の雰囲気を体感することが、昭和遺産巡りの大前提だからです。偏ったものの見方をしている自覚はあります。その視点で、群馬県ナンバー1の喫茶店がここです。

薄暗い中に完璧なディテールの内装

艶のある板張り、漆黒のテーブルにベルベットの椅子。ミッドセンチュリーなブラケットライト。すべてが渋いです。

年輪が刻み込まれた電飾看板と、黒いガラスドア。中に入ると、ママさんは、積極的に話しかけてくれるやさしい方でした。

場所	ジャンル	巡礼日
群馬県・甘《かん》楽《ら》郡	喫茶店	2013.7

白浜フラワーパーク食堂

30

南房総最南端の花畑にある食堂。むき出しの鉄骨、カラフルなテント、無数に並んだパイプ椅子。何から何まで完璧と言っていいほど、昭和時代の姿が保たれています。これはもう、現実世界のタイムトラベルです！

八角型の建物にカラフルな外装

色とりどりの四角い外装がカワイイ！　建物は八角型で、全面が窓になっています。ソフトクリームを頂きながら、まったりくつろぎました。

2階は使われていませんでしたが、食堂のおばさんに許可をもらい見せて頂きました。厨房のシンクや型板ガラスの窓も、開業時のままのようです。

場所	ジャンル	巡礼日
千葉県・南房総市	食事処・甘味	2017.8

31

レストラン はじめや

昭和16年創業。マスターは2代目で、店名はマスターのお父さんの名前だそうです。じつに味わい深い建物なので、創業時に建てられたものかと伺うと、「もう、古くてわかんない（笑）」とのことでした。

「食堂？」「いえいえ、レストランです」

場所

埼玉県・本庄市

ジャンル

レストラン

巡礼日

2013.5

マスターとママさんは、とても明るいご夫妻です。カレーライスを頂きながら、楽しいひと時を過ごしました。

看板にはレストランと書かれていましたが、今の感覚だと食堂に近い雰囲気です。創業当時のレストランは、こういう内装が普通だったのでしょうか？

32

アライセントラルボウル

若い人は知らないかもしれませんが、昭和40年代は空前のボウリングブームで、僕も幼い頃に、父親に連れられ近所のボウリング場へよく行ったものです。ここもおそらく、その当時にできたものと思われます。

ダイヤ型に飛び出た壁の異様さ！

エントランスは、ラウンドした壁にカラフルなストライプが入っています。色づかいも当時ならではといった感じです。

ダイヤ型というか十字に飛び出した壁が、凄い迫力です！　こんなに立体感のある建物は、ほかで見たことがありません！

場所	ジャンル	巡礼日
埼玉県・深谷市		2012.7

33

宝《ほ》登《ど》山《さん》ロープウェイ

駅に掲げられている字体の雰囲気も、建物にとてもマッチしていてお気に入りです。きっぷ売り場窓口には、当時に流行った剥げ石が張られています。

キングオブ昭和遺産！ 高度経済成長期へ 時間旅行

僕の中で、キングオブ昭和遺産です！　初めて訪れたのは2005年。今まで数えきれないほど訪問しましたが、来るたびに、子供だったあの頃にタイムスリップさせてくれます。ゴンドラは昭和35年製造で、関東最古を誇ります（全国では２番目の古さ）。

山麓駅の内側から見る屋根は、鉄骨がむき出しになっています。外から見るよりも大きく感じ、もの凄い迫力です！　柱の内側が斜めになっているところもポイント。

山頂レストハウスも、高度経済成長期の雰囲気そのまま。秩父の街を一望しながら食べるうどんの味は、格別です！　そのほか、小動物公園で、サルにエサをあげて楽しむこともできます。

場所

埼玉県・秩父郡

ジャンル

観光地

巡礼日

2012.6

34

カフェテラス コーヒー マハロ

偶然に発見した喫茶店。しかし、照明が消えていました。雰囲気がいいお店だったので、すぐに立ち去ることができません。しばらく建物を眺めていると、マスターらしき人が歩いてきたので、話しかけてみました。

廃業後で偶然歩いてきたマスターに遭遇

場所

埼玉県・飯能《はんのう》市

ジャンル

巡礼日

2012.9

「こちらのお店の方ですか？」「そうですよ」「営業はされてないのですか？」「廃業したんですよ」「こんなにカッコイイお店なのに、残念ですね。誰かに引き継いでもらえないのですか？」「このあたりは人が少なくなった。もう飯能で商売をするのは無理だ。ここでずっと店をやってきた俺が言うんだから、間違いない」

マスターのことが気の毒でつらかったのですが、何も言葉を返せませんでした。そして、店内の撮影をお願いすると、快諾してくれました。お店のデザインは、マスターご自身によるもの。サーフィンがお好きで、ブルーは海のイメージだそうです。ほんの30分ほどではありましたが、マスターと話ができて良かったです。

35

黒《くろ》山《やま》三《さん》滝《たき》 三滝みやげ

麓にある黒山三滝入り口から山道を30分ほど歩くと、お目当ての「三滝みやげ」が姿を現します。凄まじく老朽化した建物です。これほどまでに時間が止まった風景は、全国を探してもなかなかないはずです。

凄まじい老朽化物件の現役ぶりに感動

奥には座敷もあり、味噌おでんや甘酒などを頂きながら、ゆったりくつろげます。お店のおばあさんもやさしい方です。

数十年もの間、ほとんど改装されず、現役であり続けていることに感動します。土産品も、食べ物以外は古いものばかり。

場所	ジャンル	巡礼日
埼玉県・入間郡	観光地	2012.8

36

靖国神社 外苑休憩所

昔ながらの売店とピンク色の公衆電話。これが東京のど真ん中とは、信じがたい光景です。しかも、国民なら誰もが知っている靖国神社の外苑というのが、さらに驚きです。休憩所内は、大勢の参拝客で賑わっていました。

都心にて戦前の面影に浸り甘酒を

場所

東京都・千代田区

ジャンル

巡礼日

2014.1

電話・電報の看板も、かなりの年代物のようです。電報って、こんなに昔からあったんだなぁ。戦前の面影を色濃く残した建物で、甘酒を頂きました。

この休憩所が建てられたのは昭和10年。施設内には丼物やお好み焼きなどのお店が並び、現在でいうところのフードコートのようになっています。

37

オールドインペリアルバー

千代田区の「帝国ホテル」内にあるバー。開業はホテルの新本館が竣工した昭和45年。店内は開業時のままで、雰囲気が抜群です。バーテンダーに許可を頂き、閉店後に撮影させて頂いたのですが、非常に親切な対応で感激しました。

六角形のテーブルに六角形の酒棚

場所

東京都・千代田区

ジャンル

バー

巡礼日

2014.1

六角形の酒棚がカッコイイ！椅子の背もたれも六角形になっています。夜なので照明が抑えめですが、日中はもう少し明るくしているそうです。

とても高級感のある内装に大興奮です。店内にあるレリーフやフロアスタンドは、旧帝国ホテルのものだそうです。

38

上野公園 東照宮第一売店

トタン屋根の下にはお面 奥は小上がりの食事処

上野東照宮の参道入り口にある売店。トタン屋根の建物にストライプの庇《ひさし》が掛けられた、ノスタルジーが溢れてくる佇まいです。店頭には子供が喜びそうなオモチャが並んでいますが、店内は庶民的な食事処です。

店内の奥にある小上がりが味わい深いです。小さなお店ですがメニューは豊富で、ラーメン、ざるそば、親子丼、カレーライスなど、なんでも揃っています。

場所柄、利用者は観光客がメインかと思いましたが、ほかの席のお客さんは、どなたも近所から来店された様子です。意外と、地元の常連が多い店なのかもしれません。

場所

東京都・台東区

ジャンル

食事処・甘味

巡礼日

2014.1

コーヒーを頂きました。上野公園には、今までに何度も足を運びましたが、売店の奥に食事処があることに、ずっと気づいていませんでした。上野の楽しみ方が、また１つ増えました。

39

代々木会館

1974～75年放送のドラマ「傷だらけの天使」のロケ地で、通称「エンジェルビル」。以前から取り壊しの噂が流れていたので、たびたび様子を見に来ていました。ただの古いビルですが、ファンにとっては聖地なのです。

「傷だらけの天使」ロケ地で有名

以前は最上階まで行けたのですが、3階以上は上がれなくなっていました。階段を歩くたびに、ドラマ収録時の様子を想像して胸が熱くなります。

ドアをくぐると、階段の状態に変化はありませんでした。案内看板やポストも健在で、とりあえずひと安心です。

場所	ジャンル	巡礼日
東京都・渋谷区	ビル・建造物	2012.11

40

フルーツパーラ たなか

開業から60年以上は経っているらしい、昔ながらの果物屋さん。甘味処が併設されたスタイルの、珍しいお店です。「コカ・コーラ」のトタン看板や、「雪印アイスクリーム」の冷凍庫も、よく似合っています。

果物屋＋甘味処のフルーツパフェを

フルーツパフェを注文すると、おばさんは、店頭に並んだ果物を選び始めました。新鮮な果物で作ってもらえるなんて、それだけでぜいたくです！

場所	ジャンル	巡礼日
東京都・目黒区	食事処・甘味	2013.12

こんなにたくさんフルーツが乗って、たったの500円！おばさんも「喫茶店じゃ、この値段では出せないわよ」と、値段と中身に自信たっぷりです。

41

道玄坂 看板建築群

こ の看板建築群の何が凄いかといえば、日本有数の繁華街、渋谷のど真ん中にあるというところ。建てられたのは昭和初期だと思いますが、当時の渋谷全体がこのような雰囲気だったのだろうと想像すると、ゾクゾクします。

繁華街のど真ん中に残った奇跡的状況

場所

東京都・渋谷区

ジャンル

巡礼日

2013.3

街 並みも当時と比べて様変わりしたでしょうし、建物の気持ちになってみれば、周りに同世代の建物がなくなって寂しいのではないでしょうか。

外 壁が崩れ落ちないように、ネットで覆われています。昔からなじみのある街並みですが、どんなお店が入っていたのかまったく覚えていません(汗)。

42

下北沢駅前食品市場

戦後の闇市の面影を残す佇まい。近いうちに取り壊されるとの噂を聞いて、久しぶりに訪問してみました。以前よりもシャッターを下ろした店舗がだいぶ増えた気がするなぁ。どうやら、立ち退きが進んでいるようです。

貴重な戦後の闇市跡が駅前に現れる

場所

東京都
・
世田谷区

ジャンル

市場

巡礼日

2012.8

数軒の商店は営業中のようですが、閉店も時間の問題です。この市場を取り壊すのは、あまりにも惜しい気がしました。

これは凄い！　まるで昭和系のテーマパークのようですが、本物の街並みです！　自転車も、かなり古そうです。

43

パンとケーキ 文明軒

王道のガラスケースとアルミトレーと白い紙袋

代々木駅近くのパン屋さん。ここは学生時代の通学路でしたが、今まで立ち寄ったことがありませんでした。当時と何も変わらない光景。このような昭和テイストのパン屋さんも、ほとんど見かけなくなってきました。

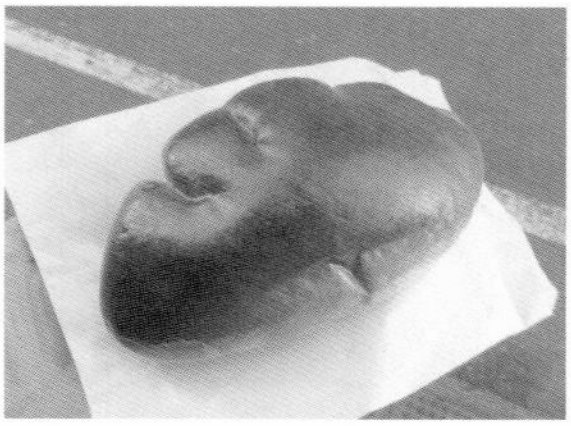

菓子パンの王道、クリームパンを買いました。食感もフワフワで、味も香ばしく、凄く美味しい！　白い紙袋に入れてくれる感じも懐かしさ満点です。

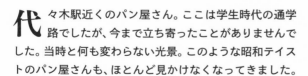

昔ながらのガラスケースには、メロンパンやアンパン等の菓子パンをはじめ、メンチやコロッケが挟まれた惣菜パンもあり、充実の品揃えです。アルミトレーに並べられた感じが、とても懐かしい。

「お店の写真、撮らせてもらっていいですか？」と聞くと、「奈美恵ちゃんも撮ってあげてー」（店内のポスター）と、おっしゃっていました（笑）。とてもかわいらしいおばさんです。

場所

東京都
・
渋谷区

ジャンル

巡礼日

2015.1

44

COFFEE & SNACK ミロン

訪問するとワンちゃんが大きな声で吠えていましたが、頭をなでると、手をペロペロなめてくれました。するとママさんが言いました。「うるさくて、ごめんなさいねー」「いえいえ、好きだから平気ですよ」。

目を引く赤いテントと割れた透明の扉

場所

東京都・中野区

ジャンル

喫茶店

巡礼日

2013.9

ママさんはとても気さくな方で、すぐに意気投合。しかし、しばらくすると、「じゃあ、アタシ帰るから。ゆっくりしてってね」とお店を出ていってしまいました(汗)。どうやら、ママさんだと思っていたおばさんは、ただのお客さんだったようです(爆)。しばらくすると、奥のカウンターから本当のママさんがご登場。タマゴサンドとアイスコーヒーを注文しました。そして待つこと数分。運ばれてきた量の多さにびっくりです！　なんと、耳付きのトースト4枚分です。「凄いボリュームですねー」「食べられなかったら、持って帰って(笑)」しかし、あまりにも美味しくて、結局ペロッと食べ切ってしまいました。ごちそうさまでした。

45

コーヒーショップ あかしや

閉店情報に追われて訪問するのは落ち着かないので極力避けているのですが、友人から「都内で一番いい喫茶だから行っておいたほうがいい」と言われ、訪問することにしました。噂どおりの素晴らしい内装に感激です！

「都内で一番いい喫茶だから」と言われ……

場所

東京都・足立区

ジャンル

喫茶店

巡礼日

2013.12

その後、あらためて２度訪問したのですが、営業最終日の夜、僕が最後の客になりました。頂いた猫の置き物は、今も大切に家の玄関に飾ってあります。

ママさんに聞いたところ、閉店の理由は立ち退きだそうです。すると、「この猫、もらってくれない？」と持ちかけられたので、ありがたく頂きました。

相模湖公園

湖畔にある古い土産屋。２階の窓に見える、廃業した食堂の内装がとても気になったので、店主に許可を頂き内部を見せてもらいました。店内はほぼ現役時代のままのようで、当時の空気がそのまま閉じ込められていました。

昭和の空気がそのまま閉じ込められて

この周辺には、昔ながらの土産屋や飲食店のほかゲームコーナーもあるので、昭和時代の観光客気分を存分に味わえます。

3階の休憩所も見せて頂きましたが、旅館のような落ち着いた雰囲気の和室に、荷物がたくさん積み上げられていました。

場所	ジャンル	巡礼日
神奈川県・相模原市	観光地	2012.6

47

純喫茶 ゆり

ここは三条駅近くの住宅街。開業から50年以上になります。昔は周辺に喫茶店が多かったそうですが、今はここしか残っていません。煉瓦が多用された重厚感のある内装は、建築家でもあるマスターのデザインによるものです。

煉《れん》瓦《が》が醸し出す重厚感ある店内

場所

新潟県
・
三条市

ジャンル

巡礼日

2013.10

エントランスの斜めになった庇が目を引く、個性的な外観です。ピザトーストとアイスコーヒーを頂きました。

天井の模様を照らすブラケットライトが素敵です。内装に使われている照明器具は、すべて秋葉原で買ってきたものだそうです。こだわりを感じるなぁ。

48

時間が止まった電気店

いったいなんのためにお店を開けているのか!?

何気なく店内を覗いてみると、70年代に流行った家具調テレビやステレオ等が、ところ狭しと並んでいます。しかし、どの商品も値札が付いていなかったので、お店のおばさんに値段を聞いてみました。

「これ、いくらですか？」「もう古いわよ、コレ」見ればわかります（笑）。そして、もう１度聞きました。「いくらですか？」「自家用だから売れない」「え……」。

うわーっ！　ショーケースの中に、カワイイ猫ちゃんの置き時計が2つもあります！　「この猫ちゃんはいくらですか？」「んー、それも売れないわ」「え……」（汗）。

場所

新潟県・所在地非公開

ジャンル

巡礼日

2013.10

「この時計も売れないですか？」「売れない」「え……」（大汗）、「もしかして、全部売れないんですか？」「売れないわね」もはや、なんのためにお店を開けているのか謎です（笑）。

49

ホテル 公楽園

国道116号線沿いにある、ドライバーの財布にやさしい宿泊施設。特別室は、昭和時代のテレビドラマに出てきそうなカラフルな洋室で人気があります。開業は70年代と思われますが、玄関や風呂場も当時のままのようです。

昭和のドラマに出てきそうな洋室

場所

新潟県・燕市

ジャンル

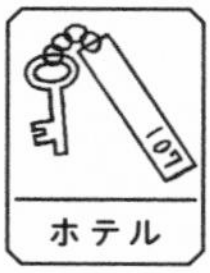

巡礼日

2012.12

1階のオートスナックは、古い自販機マニアの間でも有名なスポット（目次に写真アリ）。宿泊料はたったの１人2800円。

廊下には、立体に見える不思議な壁紙が張られています。平らとわかっていても、何度も触りたくなるんだよなー。

50

喫茶 ニューコロムビア

「お客さん来ないから暇でさ〜。さっきまで水槽の掃除をしてたよ（笑）」マスターはいい具合いに肩に力が入っていない方で、コーヒーを頂きながら笑いっぱなしでした。店内は、全面に起毛素材の壁紙が張られた渋い内装です。

起毛素材の壁紙が全面に張られて

場所

新潟県・長岡市

ジャンル

喫茶店

巡礼日

2012.12

開業は昭和31年。「内装のデザインはマスターが手がけられたのですか？」「いや、親父が全部やったんだよ」「これだけ素晴らしいと、内装目当てのお客さんも多いんじゃないですか？」「ん〜、年に2〜3人はそういう人もいるけどね。この前も絵描きが来て、絵を描いていったよ。まあ、そういう客は1度来たらもう来ないけどね（笑）」お店は地下ですが、もともとは1階に店を構えていたそうで、十数年後に地下へ移ったそうです（1階と地下の両方で営業していた時期もあったそうです）。マスターに聞くのを忘れましたが、1階で営業していた時は、店名の「ニュー」がなく、ただのコロムビアだったのかもしれません。

51

ドライブイン 軽井沢

カワイイ建物だなー。これほどアールが強調された建物は、めったにありません。傾斜があるコウモリ型の塀も、存在感があります。廃墟になっていますが、いつ頃まで現役だったのかなぁ。竣工は昭和40年代と思われます。

強調されたアールとコウモリ型の塀

このような秀逸なデザインの鉄筋コンクリートの建物は、もう建てられることはないでしょうね。いつか、素敵な形で現役復帰してくれることを夢見ています。

屋根に掲げられた角張った字体も当時の雰囲気を感じます。フロアは、1階が土産売り場と売店で、2階がレストランといったところでしょうか。

場所	ジャンル	巡礼日
長野県・北佐久郡	 ドライブイン	2014.6

52

喫茶 カド

ママさんはとても素敵な方で、僕がお店に入った瞬間、思わず「うわー！　カッコイイ！」と声を出すと、満面の笑みで「あらー、いやだー！」と抱きついてきました。喫茶店でママさんに抱きつかれたのは初めてです（笑）。

アクリルで仕切られた横並びの2人席

場所

長野県・佐久市

ジャンル

巡礼日

2014.9

ママさん特製の野沢菜漬けとコーヒーを頂きながら、おしゃべりを楽しみました。さらに帰り際、採れたてのスナックえんどうまで頂いてしまいました。

昭和43年開業。内装は当時からほとんど変わっていないそうです。赤や白のアクリルが張られた仕切り塀がお気に入り。

53

小料理 焼肉 たつみ

戦後の流行歌をBGMにタイムスリップ感に浸る

ここは、岩村田本町商店街の横丁。まだ昼過ぎなので、どのお店も準備中かと思ったら、1軒だけ暖簾が掛けられていました。今日は都合があってたまたま早めに開けたそうです。これは、何かの縁だなぁ。

注文したラーメンができあがるのを待っていると、自家製の野沢菜漬けをサービスとして出してきてくれました。ピリ辛で凄く美味しいです。

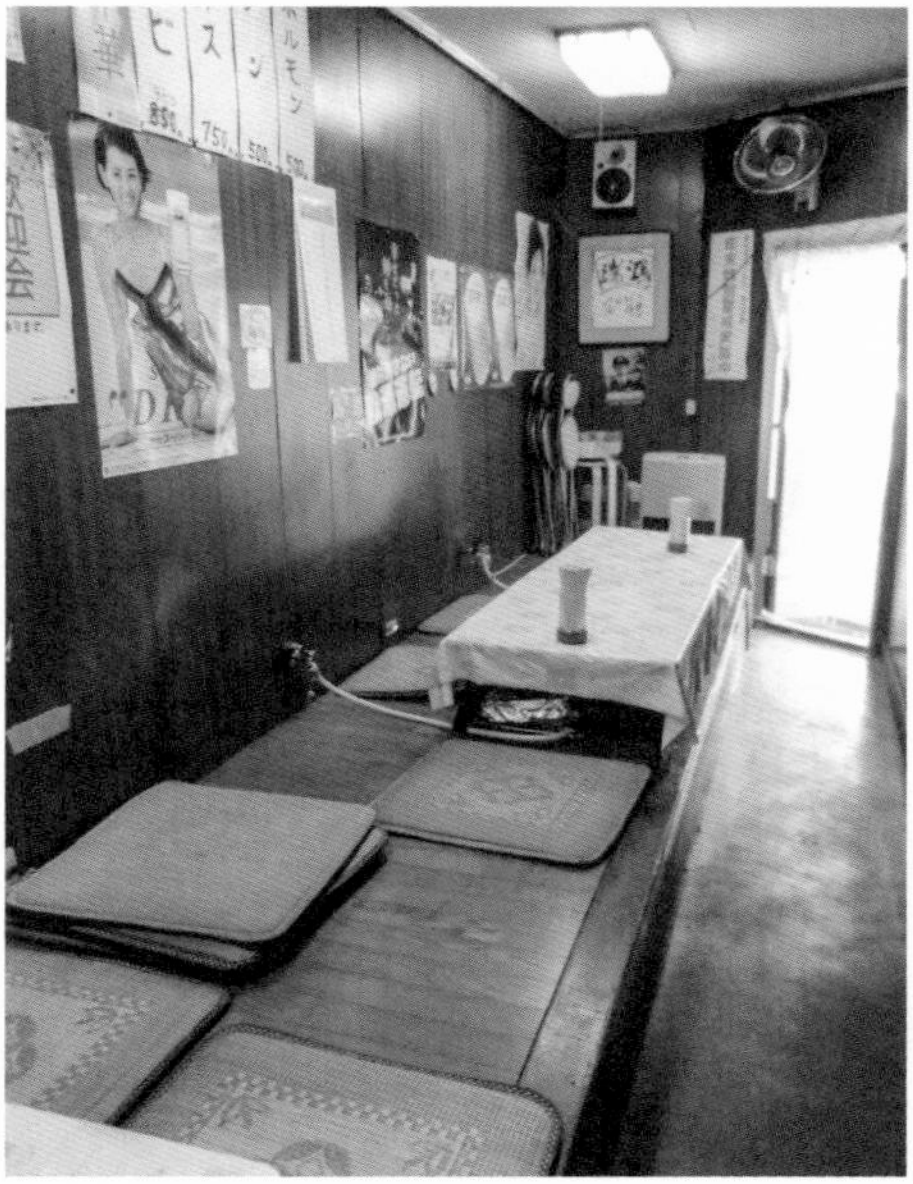

地元では有名店らしく、このあたりでタクシーに乗って「〝たつみ〟まで」と言えば、ちゃんとここまで来てくれるそうです。

BGMには戦後の流行歌がかかっています。このタイムスリップ感、やばいです。帰り際、マスターから野沢菜漬けをたくさん頂きました。HOTなお店だなー。

場所

長野県・佐久市

ジャンル

酒場・横丁

巡礼日

2013.7

レストラン 鮮《せん》笑《しょう》

54

月《げっ》江寺《こうじ》の商店街を散策中に立ち寄ったお店。ここで頂いたカツサンドは本当に美味しかった(目次に写真アリ)。口に入れた瞬間、思わず「ウメェー！」と声を出してしまいました。お皿や盛り付け方まで昭和なのが嬉しいです。

昭和の街場にあったザ・正統派な洋食屋

場所

山梨県
・
富士吉田市

ジャンル

レストラン

巡礼日

2012.6

これから富士山のほうへ行くと伝えると、「上から富士山が良く見えるわよ！」と、3階のご自宅にまで案内してくれました。ママさんのやさしさに感激です。

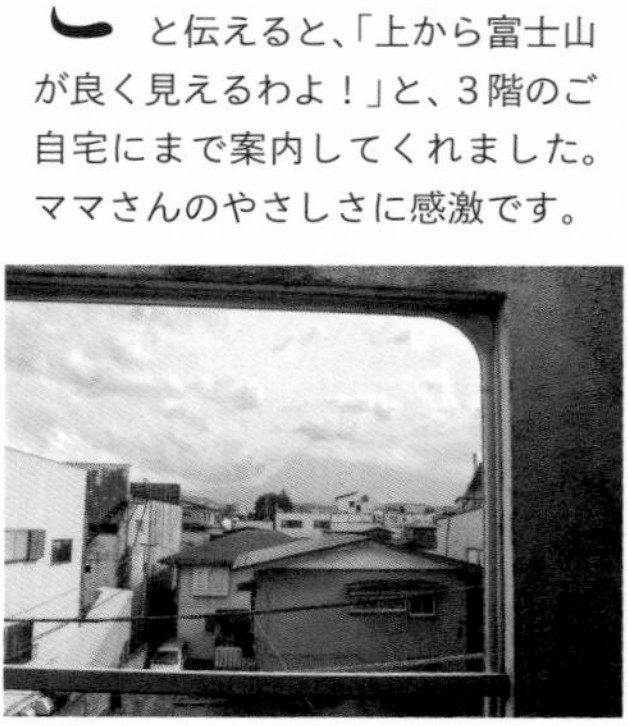

昔ながらの落ち着いた雰囲気の店内。食事のあと、ママさんに2階も見せて頂きました。料亭のように高級感のある和室がいくつもあって、シビレました。

55

純喫茶 旅《りょ》苑《えん》

国道139号線をドライブ中に、たまたま発見しました。味のある佇まいだなー。昭和好きな人間が、この外観を見て入らないはずがないでしょう。窓からうっすらと店内の照明が見えますが、内装がとても気になります。

外観とは別世界の高級感に興奮

期待通りの渋い店内です！なんの情報もないまま入店したので、大興奮しました。それ以来喫茶店で、この時を上回る衝撃を味わっていません。

入り口のドアを開けると、すぐ店内なのかと思いきや、さらに奥にドアがありました。壁や天井も全面にクッションが張られていて、高級感があります。

場所	ジャンル	巡礼日
山梨県・都留《つる》市	喫茶店	2012.6

56

ホテル 展望

寝室は紫のカーテンにチューリップライト！

清水次郎長のライバル、黒駒勝蔵《くろこまのかつぞう》で知られる黒駒地区に、小さなモーテル街があります。その中で、室内が改装されていない可能性が一番高そうなここにチェックインしました。ネオンサインの輝き具合いが、いい感じです！

敷地内は、庭園を囲むように戸建てが並んでいます。とりあえず庭をひと回りして、「しゃくなげ」という部屋に決めました。普通の家のようで落ち着いた雰囲気です。

室内は、予想どおり昭和の状態が保たれていました！　寝室に吊るされたオレンジ色のチューリップライトや、紫のレースカーテンが、よりいっそう昭和ムードを高めています。ワクワクするなー。

風呂場は、全面が黄色い模様のタイル張り。ぜいたくなことに、サウナバスまで付いています。これだけ設備が整って、宿泊料は5000円。店名どおり、窓から市街の夜景を展望できました。

場所

山梨県
・
笛《ふえ》吹《ふき》市

ジャンル

巡礼日

2012.6

57

アーケード名店街

昭和28年竣工の、延焼被害を食い止めるための「防火建築帯」と呼ばれるビルが、帯状に並んでいます。その長さは２００ｍほどもあり、圧巻の風景です。さらには、ビルの角がすべてアールになっている点もカッコイイ！

圧巻の200m！「防火建築帯」の景観

商店街ゲートは後年に設置されたものかもしれませんが、デザインがとてもスタイリッシュで見とれてしまいます。

ビルは、２階より上が道路側に大きくせり出していて、その名のとおり、アーケードの役割を果たしているのが特徴的です。

場所	ジャンル	巡礼日
静岡県・沼津市	 商店街	2016.9

玄《くろ》岳《たけ》ドライブイン

58

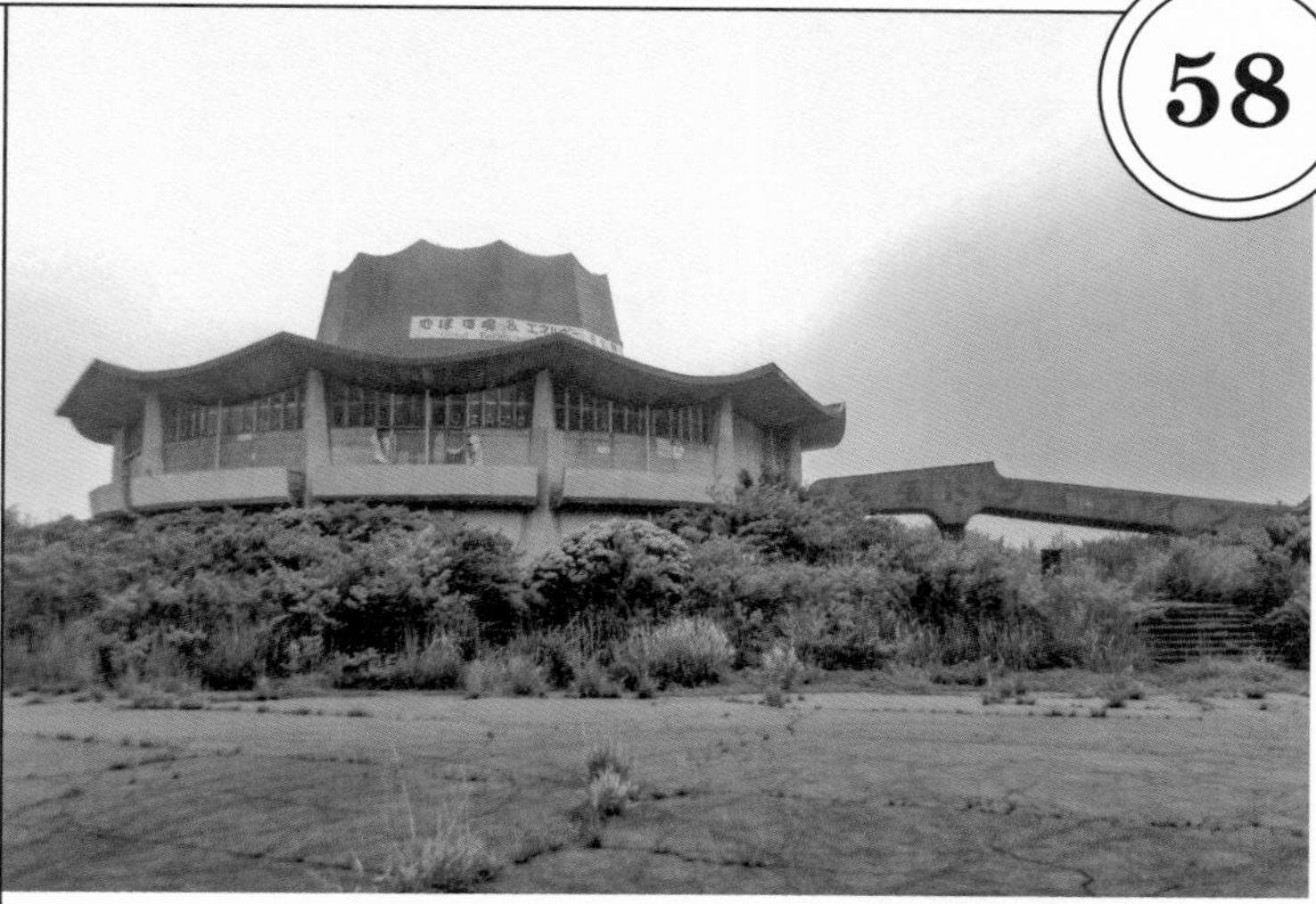

熱海サボテン公園と伊豆スカイラインを結ぶ「熱海高原ロープウェイ」の山頂駅として、昭和42年に竣工。しかし、さまざまな理由により、わずか3年ほどで運行中止となってしまいました。シャンプーハットのような屋根が特徴。

ロープウェイの山頂駅もいまや廃墟に

場所

静岡県・熱海市

ジャンル

巡礼日

2017.5

窓ガラスが割れていたので覗いてみると、食堂だったようで、テーブルとパイプ椅子が置かれたままになっていました。

その後もたびたび営業を再開していたようですが、現在はすっかり廃墟となっています。標高が高いので、霧が多くて寒いです。薄着で訪れ失敗した(汗)。

59

ハトヤホテル

近未来的な連絡通路が素敵過ぎる！　まるで宇宙船の内部のようにラウンドした壁。連続した目のような形の窓。そして、側面にまで張られた斜めストライプの絨毯《じゅうたん》が、異空間的な視覚効果を生んでいます。

♪伊東に行くなら……この連絡通路！

場所

静岡県
・
伊東市

ジャンル

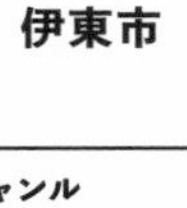

ホテル

巡礼日

2017.5

連絡通路が完成したのは昭和45年。昔はテレビでハトヤのCMがよく流れていたので、記憶に残っている人も多いでしょう。

連絡通路を外側から見ると葉巻型UFOのようで、窓の境にある雨樋《あまどい》が、アンテナのように見えてさえきます。

氷《ひ》見《み》中央町商店会

60

氷見漁港のほとりにある、静かな街の商店街。道路の左右にフェンスのように連なる３階建てのビルが、強烈なインパクトを放っています。竣工は昭和30年代頃と思われますが、街並みまるごと当時の雰囲気そのままです！

曲線のフェンスのようにビルが連なって

場所

富山県
・
氷見市

ジャンル

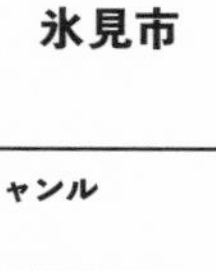

巡礼日

2016.6

「モリカワ」という喫茶店があったので入店しました。商店街は人通りが少ないのですが、店内は大勢の常連客で賑わっていました。アイスコーヒーを注文。

今では見かけることが少なくなった、昔ながらの帽子店。看板の模様やタイルが張られたショーウィンドウがカワイイです。

61

金沢中央味食街

21世紀美術館とは対極 中心部に残る奇跡の風情

片町といえば、大きなビルが立ち並ぶ繁華街のイメージが強いですが、表通りからちょっと裏通りへ入ると、「新天地」という昔ながらの飲み屋街があったりします。そして、その中でも特に味のある一画がここです。

夕方早めなので人通りはありませんが、ほとんどの看板に灯りが点いています。古い建物ばかりなのですが、現役店が多いようです。

風情がある街並みだなぁ。現在の建物になる以前は屋台が並んでいたため、屋台横丁とも呼ばれているそうです。

馴れない街の小さなお店に入るのは、ちょっと勇気がいります。入店しようか迷いましたが、つい通り過ぎてしまいました。

場所

石川県・金沢市

ジャンル

酒場・横丁

巡礼日

2016.6

62

純喫茶 ローレンス

ドアを開け入店すると、薄暗い店内で、ママさんが1人でポツンと椅子に座っていました。「スミマセン、入って大丈夫ですか?」「え、誰?」「あ、客です」「なんだ、腰が低いからどっかのセールスマンかと思った」。

いくつもの素敵な鉛筆画はママさん筆

場所

石川県・金沢市

ジャンル

喫茶店

巡礼日

2016.6

「素敵なお店ですね。僕、古いものが大好きなんですよ」「あら、私も古いもの大好き」ママさんと僕は相性がいいようです。席にも座らず、注文もせず、気がつけば1時間も立ち話をしていました。開業から55年になるそうですが、休業したのは指で数えられるほどの日数だそうで、「ずっと金沢に住んでるけど、金沢のことは、ココから半径100mしか知らない」とおっしゃっていました。店内に飾られたたくさんの素敵な絵は、ご本人曰く「安い鉛筆で描いたからゴミアートよ」だそうです。帰り際にママさんが言ってくれた、「人生は心の旅ですから、お互いいい旅をしましょう」の言葉が、今も心に響いています。

63

東尋坊タワー

形がシンプルなためか、それほど古く見えませんが、竣工は意外にもかなり昔、昭和39年です。東京タワーのような鉄骨むき出しのほうがコストも手間もかからないはずですが、そこはやはり、設計者のこだわりなのでしょう。

四角い鉄筋コンクリートで地上55mまで

「土産を買うから、お店の写真を撮らせてもらえませんか？」「買ってくれるならいいわよ」大成功(笑)。

昭和40年代に流行った花の形のシールがカワイイ！ 僕も当時、家の冷蔵庫に自分で貼りました。懐かしいなぁ。

場所	ジャンル	巡礼日
福井県・坂井市	観光地	2016.6

64

レンガ通り商店街

個人的には、「キングオブ連絡通路」です！　ビルなのに、外装にトタン壁を使用しています。そして、昔のお手洗い等でよく見かけた小さな窓。この通路はあとから増設したのか、少し傾斜があるのもいい感じです。

屋根が外れて現れたトタンの連絡通路

どのビルも古そうで、かなり老朽化しています。壁の下のほうには、アーケードの痕跡が残されていました。

場所	ジャンル	巡礼日
岐阜県・岐阜市		2016.9

以前はここにアーケード街の屋根があったため、下からは連絡通路が見えなかったのですが、屋根が取り外されたことにより、あらわになったのです。

65

和洋酒 総合食料品 西村商店

見つけた時は電飾や照明がすべて消えていたのですが、店主に立ち寄った趣旨を伝えると、わざわざ明かりを点けてくれました。店頭には「キスミー化粧品」や「森永製菓」などの貴重な電飾看板が、帯状に並んでいます。

瓦屋根の下で美しく居並ぶレアな電飾

ここは関ケ原合戦の決戦地がすぐそばだそうで、帰り際に「関ケ原合戦祭り」のポスターを頂いてしまいました。

店主は、「こういうの、今、なかなかないよね」と、理解を示してくれました。店内は、今で言うところのコンビニのような品揃えです。お菓子を３つ購入。

場所	ジャンル	巡礼日
岐阜県・不破《ふわ》郡	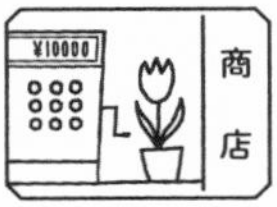	2016.9

66

問屋町中央ビル

岐阜駅前の繊維問屋街をひと目見たくて訪れたのですが、最寄りの駐車場からたまたま見えたビルが凄過ぎて、結果として一番の収穫となりました。いくつものビルが連なっているように見えますが、まるごと１つのビルなのです。

驚愕！　こんなに横長なのに1つのビル

繊維問屋街へ抜ける通路の窓には、ツタ模様が入った大きな面格子が取り付けられています。もたれかかった自転車が絵になっていました。

昭和42年竣工。壁を見ているだけで、巨大建造物特有のゾッとする寒気を感じます。エアコンの室外機も、サビや雨だれによって存在感が増しています。

場所	ジャンル	巡礼日
岐阜県・岐阜市	ビル・建造物	2016.9

67

COFFEE サン

六角形の茶色いクッションが一面に張られた壁、2段天井に向かって曲線を描く飾り柱、深緑色のおしゃれな椅子。完璧と言っていいほど洗練された内装デザインに包まれ、トーストとアイスコーヒーを頂きました。

クッションとパーテーションの六角形が粋

場所

愛知県
・
名古屋市

ジャンル

喫茶店

巡礼日

2018.11

滑り台のようにカーブした赤系のテント、白い壁と窓の形、看板が付いたU字部分の色分け。すべての絡みが絶妙です。

昭和39年開業。内装は当時からほとんど変わっていないそうです。木製のパーテーションも、クッションと同じ六角形。

68

ホテル 伍《ご》萬《まん》石《ごく》

ケタ違いの怪しさの中「吉原」で殿様気分！

これがモーテルなの!?　まるで、本物の城のようなスケールの大きさです。鮮やかな緑色にライトアップされた姿も、ケタ違いの怪しさ。このあたりでダントツに昭和のオーラが漂っていたので、迷わずチェックインしました。

部屋は洋室もあるようでしたが、建物が純和風ということなので、「吉原」と名付けられた和室を選んでみました。

期待どおりの内装です。ベッドルームの壁には、ふだんの生活ではまず見かけることのない、ド派手な襖《ふすま》が張られています。枕元には金色の扇子があしらわれているし、なんだか殿様気分だなー。

矢印が点滅する、紫色の看板も雰囲気満点。開業は昭和後期だと思いますが、清潔感のある部屋だったので、ぐっすり眠ることができました。これだけ楽しめて、宿泊料はたったの５５００円。

場所

愛知県
・
岡崎市

ジャンル

モーテル

巡礼日

2012.11

ドライブイン こばやし

69

国道１号線をドライブ中にたまたま見つけた、個性的な形をした古い建物。窓からチラッと見える店内が良さげだったので、休憩がてら入店してみることにしました。すると、予想をはるかに上回るハイセンスな店内に大興奮！

天井のダイヤ型のくぼみ＆一部だけ赤い壁紙

場所

愛知県・岡崎市

ジャンル

巡礼日

2012.11

気がつけば、お店に入った時からずっと、渡哲也さんの曲がかかっています。どうやら、マスターのお気に入りのようです。

天井に並んだ、ダイヤ型のくぼみがカッコイイ。奥のスペースだけ壁紙が赤いのもおしゃれです。カニサボテンも、内装にマッチしています。

70

鉢地《はっち》坂《ざか》モーテル群

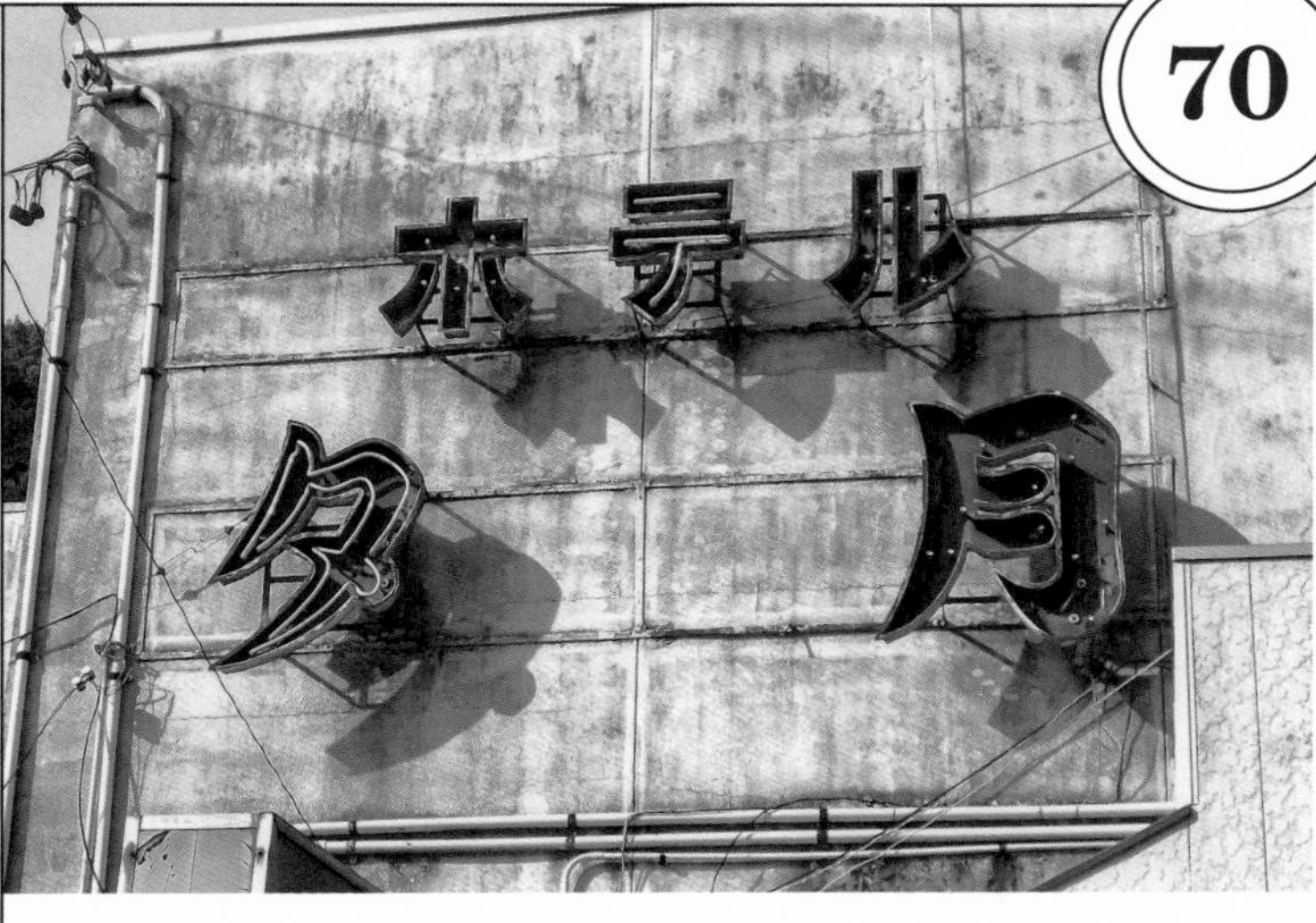

車で宿探しをしている途中、たまたま迷い込んだ坂道がモーテルだらけで驚きました。少なくとも９軒は並んでいましたが、中でも特に気になったのが「夕月」。店名はカタカナより漢字のほうが、いかがわしさがあって好きなのです。

坂道に居並ぶ漢字店名はいかがわしさ満点

場所

愛知県・岡崎市

ジャンル

巡礼日

2012.11

ベコベコに凹んで傾いてしまった「夢」の電飾看板が、今の鉢地坂のすべてを物語っているような気がしました。

「冨士」という名前も渋いです。この坂道にあるモーテルはどれも古いので、現役と廃墟の区別がつきにくいです。

71

和洋食 喫茶 若草堂

外《げ》宮《くう》参道の入り口にある老舗食堂。旅の途中の朝は、なるべく早くから行動したいので、午前６時半から食事ができるのはありがたいです。「朝食セット」は、ご飯と味噌汁に、納豆、卵、海苔が付いて、たったの500円です。

65年以上不変の店内は見どころ満載

場所

三重県
・
伊勢市

ジャンル

食事処・甘味

巡礼日

2018.11

「コーヒーとケーキ」の文字が、時代を感じさせます。開業時から何も変わらない店内は、見どころが満載です。

開業は70年近く前になるそうです。広い店内にはオレンジ色のカワイイ椅子がズラリ！奥には中庭もあります。

72

三和商店街

JR四日市駅前にある、戦後の面影を色濃く残す看板建築。モルタルの壁が欠落して危険な状態ですが、よくぞ今まで生き延びてくれたなぁ、という感じです。入り口には「明るい商店街」と書かれた看板が残されています。

よくぞ生き延びてくれた！ 老朽化の極地

場所

三重県
・
四日市市

ジャンル

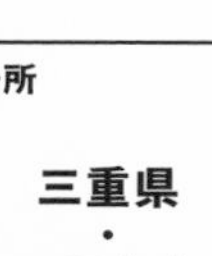

巡礼日

2016.9

2階建ての店舗が向かい合い、アーケード状に屋根が掛けられています。奥のほうには取り壊されている店舗もあり、ブルーシートが目立ちました。

内部もかなり老朽化が進んでいて、廃業したと思われる店舗が目立ちます。古い平板《へいばん》がぎっしりと敷かれた光景は、めっきり見かけなくなりました。

73

銀座商店街（銀座街）

ネオンサインと提灯と電飾看板に魅せられて

全都道府県にあると言っても過言ではない、「銀座」と名の付く商店街。ここ、桑名駅前の片隅にもありました。カラフルに煌々《こうこう》と輝くネオンサインがとてもノスタルジックで、いつまでも眺めていたくなります。

子供の頃に、どこかで見たような風景。歩いているだけで落ち着きます。どの建物も古そうですが、営業中のお店も多く、さびれた様子はありません。

ゆるやかにカーブを描いた電飾看板と、黄色い提灯がキレイだなー。まるで夢のような空間です。ここを見つけた時は飲み屋街かと思いましたが、洋服店や眼鏡店など普通の商店もあるようです。

いつか訪れてみたい昭和遺産は、全国に数えきれないほどあります。ですが、旅は目的地を決めずに、その時の気分やなりゆきで偶然に訪れたほうが、何倍も感動できるとあらためて感じました。

場所

三重県
・
桑名市

ジャンル

商店街

巡礼日

2016.9

74

珈琲 ロスカ

隙のない完璧な内装デザイン。そして、親切で明るいママさん。アイスコーヒーを注文すると、「あれ？　若いのね」と意外なリアクションを頂きました(笑)。どうやら、いつも、ご高齢のお客さんがほとんどのようです。

純和風を洋風に仕上げた一種の看板建築

ファサードはアールの窓が並んでいて一見洋風なつくりですが、全体を見ると純和風な木造家屋です。これも一種の看板建築と言えそうです。

場所	ジャンル	巡礼日
三重県・鈴鹿市		2018.11

開業は昭和38年で、現在の内装になったのは昭和46年だそうです。高い天井には採光窓があり、ゴージャスなシャンデリアが吊るされています。

75

喫茶パーラー風月

老舗和菓子屋「風月堂」の2階にあるお店。階段を上がると、オレンジ色のガラスドア越しに、早くも素敵なペンダントライトが見えます。1色だけでもじゅうぶんカワイイですが、3色合わさるとさらにグッときます！

ペンダントライトの昭和空間に浸る

窓の下にある、ツタ模様に似たアイアンのフェンスが、思いっきりツボです。アイスコーヒーを頂きながら、まったりと昭和空間に浸りました。

ポップな花柄のレースカーテンと照明器具。パーラーという言葉の響きがじつによく似合う内装です。おじさんの僕には似合っていませんが(笑)。

場所	ジャンル	巡礼日
滋賀県・彦根市	喫茶店	2018.11

76

京都タワー名店街 食堂ビル

昭和39年竣工。近いうちに地下街がリニューアルされると聞いたので、寄ってみることにしました。1階の電飾看板は当時のままのようです。「食堂」という文字がビルの中にドーンとある光景も、最近では珍しくなりました。

看板に「食堂」の文字も失われゆく

地下街はすでに閉店しているお店が多いです。営業中の店舗も、ショーウィンドウに「閉店セール」の貼り紙が並んでいました。

階段も、竣工時から変わっていないようです。赤い手すりやオレンジ色のアクリル板も、当時の状態を保っています。

場所	ジャンル	巡礼日
京都府・京都市	 ビル・建造物	2016.9

77

吉野ロープウェイ

昭和4年に運行を開始した、国内最古のロープウェイ。2012年度には「機械遺産」にも認定されたそうです。年季が入った木造の駅舎も、その風格を感じさせます。ですが、ちょっと様子が変です。ほとんど人がいません……。

「機械遺産」認定、国内最古のロープウェイ

場所

奈良県・吉野郡

ジャンル

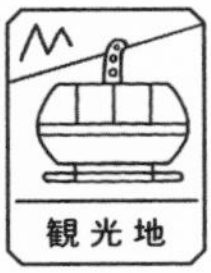

巡礼日

2017.11

近くにいた関係者らしき人に話を伺ったところ、数ヶ月前にゴンドラが事故を起こしたらしく、運休状態が続いているそうです(泣)。通常は無休という情報だったので、この展開はまったく予期しませんでした。故障したゴンドラの部品はすでに製造されておらず、修理をするには膨大な費用がかかるのだとか。そのため、復旧させるか廃止にするかの判断が、かなり際どい状況になっているとのことでした。無事に直ってくれるといいのですが……。そして、やむをえず写真だけ撮ってその場を去りました。その後、2019年3月に、無事に運転再開となったようで、本当に良かったです。次に機会があれば、ゴンドラに乗って山頂まで行ってみたいと思います。

78

山王市場通商店街

珍しいS字カーブの屋根 狭い道幅にワクワク

昔ながらの街並みが続く「飛《とび》田《た》本通《ほんどおり》商店街」を散策していると、途中でさらに古そうなアーケードが交差していました。下りたシャッターが目立ちますが、半世紀以上の歴史がありそうな食事処も現役です。

道幅が狭いので、圧迫感があってワクワクします。薄暗さも、ちょうどいい心地良さ。僕が生まれ育った東京にはアーケード街が少なかったので、とても新鮮です。

味のある看板のオンパレードです。特に、ダイヤ模様があしらわれた黄色い統一看板に惹かれます。近頃の街は英語で溢れかえっていますが、やはり日本語が落ち着きます。

素晴らしい眺め。ゆるいS字カーブを描いた屋根は、巨大な龍が空を舞っているかのようです。そこに吊るされた照明も、アームが大きく湾曲していて、じつに個性的です。

場所

大阪府・大阪市

ジャンル

商店街

巡礼日

2016.9

79

喫茶 タンポポ

装飾テントが破れているのは、訪れる直前にあった台風によって。マスターはとても陽気なお人柄で、「張り替えないで、このままでいいや。ちょうど店の名前があるほうの半分が残ったし（笑）」とおっしゃっていました。

遠くから訪れる客を心待ちにするマスター

僕のように遠くから訪れる客を、いつも楽しみに待っているマスターは、ご自身で内装デザインもされたそうです。

開業したのは49年前。当時はこの商店街の中に３軒の喫茶店があったそうですが、現在はここしか残っていません。

場所	ジャンル	巡礼日
大阪府・大阪市	喫茶店	2017.11

80

玉《たま》二《に》商店街

西成区には古いアーケード街がたくさんありますが、その中で、タイムスリップ感を味わうという視点からもっとも印象に残ったのがここです。存在感のある、商店のトタン看板。そして、屋根の色や劣化具合いが強烈です！

薄暗いシャッター通りのタイムスリップ感

屋根に吊り下げられた六角形の看板も、インパクトがあります。この商店街は「玉《たま》出《で》本通《ほんどおり》商店街」と交差しています。

営業中の商店もいくつかありますが、人通りは少なく、ほぼシャッター通りになっています。陽射しもあまり届かないので薄暗く、静けさが満ちています。

場所	ジャンル	巡礼日
大阪府・大阪市	商店街	2016.9

81

廃線 紀州鉄道 踏切跡

西御坊駅近くの閑静な住宅街を歩いていると、道路の脇にどう見ても踏切としか思えないものが立っていました。線路があるわけでもないのに、なぜ踏切があるんだ？　しかし、あたりを見回して、すぐに答えが出ました。

線路がないのに踏切だけ残った貴重な場所

場所

和歌山県
・
御坊市《ごぼうし》

ジャンル

巡礼日

2018.11

ここが廃線となったのは1989年だそうです。線路に沿って歩いてみたかったのですが、立入禁止になっていて断念……。

柵のプレートに「紀州鉄道管理地」と書いてあります。なるほど、これは廃線跡だったのですね。草むらをよく見ると、サビついた線路が見えます。

82

COFFEE チャンピオン

昭和46年開業。これほどまでに内装コンセプトが明確で、洗練されたデザインの喫茶店は、めったにありません。電気クラゲのような照明、半円に横格子の入った間仕切り、モスグリーンの椅子。すべてが完璧な組み合わせです。

明確な内装コンセプトで完璧な組み合わせ

場所

和歌山県
・
田辺市

ジャンル

喫茶店

巡礼日

2018.11

お店が混んでいて、マスターとは少ししか話せませんでしたが、気持ちよく受け答えしてくれるやさしい方でした。

ドアの取っ手もカワイイ！　この淡いピンク色は、昭和中期のテーブルやコタツ板にもよく使われた、懐かしい色です。

83

立ち呑み酒《さか》一《いち》

ティッシュが頭上に！お品書きはエアコンに！

店内はカウンターのみで、10人も入れば満員くらい。なので、頭上の鉄骨にティッシュが挟まっていたり、エアコンにまでお品書きが貼られていたりと、狭いスペースをこれでもかと活用しています。

ウーロンハイを飲んで、旅の疲れを癒します。気まぐれで、ふだんはほとんど食べないししゃもを注文しましたが、卵がたくさん入っていて凄く美味しかったです。

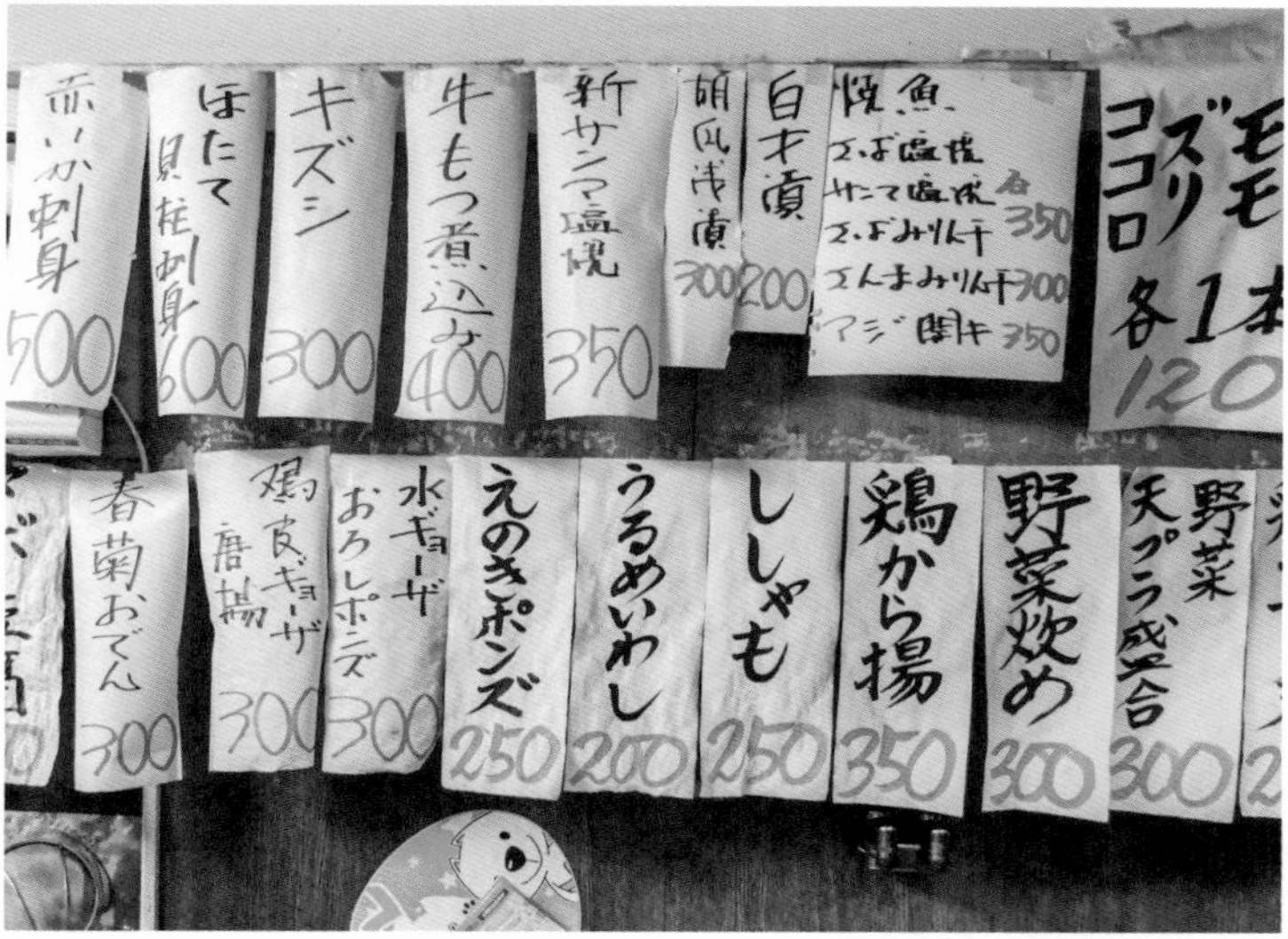

メニューは豊富で、どれも値段が安いのが嬉しいです。みなさん和気あいあいと楽しそうに呑んでいるので、この空間にいるだけでこっちまで楽しくなってきます。

じつに味わい深い「立ち呑み　いらっしゃいませ」の手描き看板。場所は、和歌山駅西口の目の前。外から店内が丸見えなので、初めての人でも入りやすいです。大きな赤提灯が目印。

場所

和歌山県・和歌山市

ジャンル

酒場・横丁

巡礼日

2018.11

84

回転展望台 喫茶 手《て》柄《がら》ポート

昭和41年に開催された姫路大博覧会のテーマ塔として建設された建物で、とても近未来的でスペーシーな形をしています。ロサンゼルス国際空港の旧管制塔をモデルにデザインされたのだそうです。

ロス空港の旧管制塔をモデルにデザイン

回転する床の境界部分は、隙間が1cm程度しかありません。これだけ大きな展望台部分が、少しのズレもなくスムーズに回り続けるなんて、凄いことです。

ほかにお客さんがいなかったので、喫茶店のママさんと一緒にしばらく回転(笑)。景色を眺めながら、ガイドして頂きました。

場所	ジャンル	巡礼日
兵庫県・姫路市	ビル・建造物	2012.11

85

Tea Room ヤマト

カワイイ犬が３匹いるお店。開業は50年ほど前になるそうです。昔から何も変わらない店内には、たくさんの花が飾られています。ママさんに「素敵なお店ですね」と話しかけると、「ありがとう」と喜んでくれました。

花や観葉植物に溢れ三代の犬がお出迎え

オレンジ色のガラスドア越しに見た店内も素晴らしい。ホットティーを頂きながら、至福のひと時を過ごしました。

場所	ジャンル	巡礼日
兵庫県・明石市	喫茶店	2012.12

ワンちゃんたちは親子孫三代。今から写真を撮ることをちゃんと理解しているようで、おとなしくしています。賢いですね。

86

神戸新鮮市場 東山商店街

日本じゅう、多くの地域で商店街がさびれていく中、ここは、不景気という言葉とはまったく無縁といった感じで、いつ訪れても買い物客が溢れています。このお店で初めて「冷やしあめ」を知ったのは、25年前のことです。

冷やしあめ、串カツ、野球カステラetc……

場所

兵庫県
・
神戸市

ジャンル

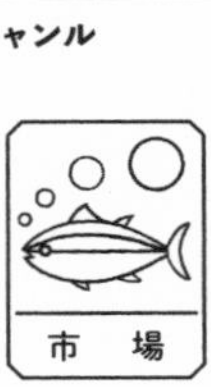

巡礼日

2012.12

野球カステラ屋(目次に写真アリ)、ミックスジュース屋、さきいか屋などなど、お気に入りのお店がたくさんあります。

こちらの串カツ屋は、この市場を訪れたら必ず立ち寄る場所。値段は１本80円。お会計は、串を数えての自己申告です。

87

喫茶 エルボン

訪問すると、「本日は終了しました」の札が下がっていました。まだ昼過ぎなのに閉まるの早いなー。そう思いながらふと窓から店内を覗くと、カウンターの明かりが見えたのです。そして、ダメ元でドアをノックしてみると……。

お金いらないからコーヒー飲まない?

場所

鳥取県・米《よな》子《ご》市

ジャンル

巡礼日

2016.9

ママさんが出てきてくれたのです！「スミマセン、今日はもう終わったんですよね」(白々しく)。「今日は休みなのよ。この札は下げてるだけ」「埼玉から来たんですけど、店内を少しだけ見せてもらえませんでしょうか」(図々しい)。「埼玉から来たの？　入りなさい」「ホントですか、ありがとうございます！　お休みのところスミマセン」「ここに住んでるから大丈夫。カウンターに座りなさい。お金いらないからコーヒー飲まない？」「いやー、ちゃんと払いますよ！」「いいのよ、これ、さっき自分で飲もうと思って多めに淹れて残ってたやつだから」「そうですか、じゃあ頂きます」こちらのママさん、とってもやさしくて、上品で、マジで惚れました。

88

砂丘パレス

鳥取砂丘の茂みにひっそりと佇む、円形展望台付きの観光施設。まるで、ビルの上でUFOが「どっこいしょ」と休憩しているようです。窓の下にある「砂丘パレス」の字体も、見れば見るほど愛嬌があります。

高度経済成長期のオーラ全開で茂みに佇む

竣工は昭和40年。タイルや透かしブロックが多用された、高度経済成長期のオーラが全開の素晴らしい建築物です。

ノコギリのようにギザギザした階段がカッコイイ。有刺鉄線が厳重に張られているので、上には行けません。

場所	ジャンル	巡礼日
鳥取県・鳥取市	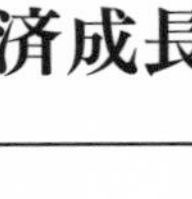 ビル・建造物	2016.9

大田市駅前通り

スナックというと、駅から少し離れた細めの路地にあるイメージが強いですが、ここ大田市駅前は、メインストリートに点在しています。そして、そのほとんどが昭和時代に開業したもので、どの建物にも味わいがあります。

メインの通りにスナックスナックスナック

こちらの「スナック 純」は、かなり渋めで入店のハードルが高そうです。ほかにも気になるスナックがたくさんありました。

青いストライプが印象的な「スナック こいびと」。上の壁にパーマと書かれていますが、元はパーマ屋だったのかな？

場所	ジャンル	巡礼日
島根県・大田《おおだ》市		2016.9

90

通町商店街

創業100年超えの店もある超ド級のタイムスリップ感

玉島地区でもっとも古い商店街で、創業100年を超える商店もあります。アーケード入り口の手前には玉島港へと続く川が流れていて、地面の下には橋杭《はしぐい》が連なり、迫力の立体感です。川面に映る商店街が美しい。

ステキな店構えの商店が軒を寄せ合っています。赤い看板は昭和30年代頃のものだと思いますが、洋風のセンスを模索していた時代の空気が伝わってきます。

商店の側面を隠すモルタルの看板建築が、超ド級のタイムスリップ感です。裏側にある三角屋根の頂点を、半円の壁を造作して隠しているところが面白いです。

場所

岡山県・倉敷市

ジャンル

商店街

巡礼日

2018.11

建物が網で覆われていたり、解体されて空き地になっているところもありますが、食堂、荒物屋、バイク屋などが営業中です。人通りは３～４人とすれ違う程度でした。

91

ヌードの殿堂 広島第一劇場

この建物を一度見てみたくて訪問。「第一劇場」と書かれた看板がちょっと不思議な形をしていますが、女性のシルエットにも見えるので、もともとはストリッパーが描かれていたのかな？　と、勝手に想像がふくらみました。

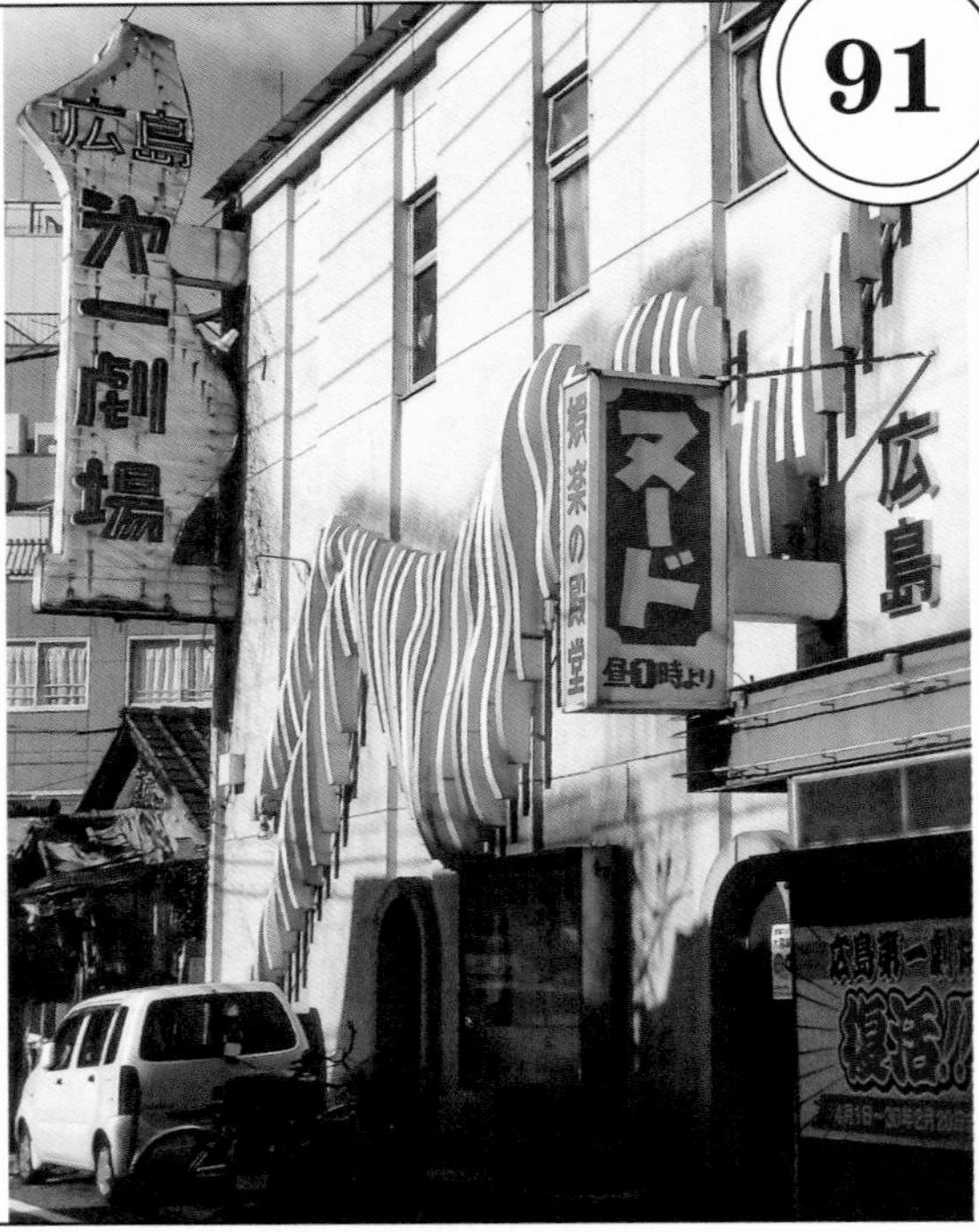

女性モチーフのオブジェはアートの域！

オレンジ色のガラスドアは喫茶店でもたまに見かけますが、両開きは貴重です。窓口もカワイイ。ですが、財布の都合で(!?)入店は見送りました(汗)。

この女性の形のオブジェは、ため息が出るほど素晴らしい！　アイデアといい、色合いといい、美術館に展示してもいいほどの作品だと思います。

場所	ジャンル	巡礼日
広島県・広島市	アダルト	2017.11

92

長沢ガーデン

ここが何であるかをひと言で説明するのは難しい。宿泊施設をはじめ、温泉、ドライブイン、オートスナック、売店などなど、さまざまな要素が盛り込まれた、とても便利な昭和遺産なのです。湖のほとりなので空気も美味しい！

宿泊温泉売店ドライブインなど全部入り！

館内の雰囲気がいいのはもちろんのこと、レストランの味もいいし、温泉も気持ちいいし、至れり尽くせりです！

部屋は、本館と別館にあるのですが、別館のほうが古いうえに料金が安いので、古いもの好きには好都合です。宿泊料は、素泊まりで1人3500円。

場所	ジャンル	巡礼日
山口県・防《ほう》府《ふ》市	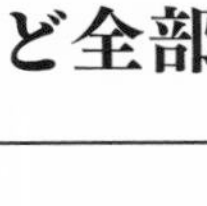 ホテル	2016.9

オッペン化粧品 四国教育センター

宇《う》多津町《たづちょう》で、あの有名な広告塔を偶然に見つけました。現存していたなんてまったく知らなかったなー。古い映像や写真では何度も見たことがありますが、目の前でまじまじと見るのはこの時が初めてでした。

伝説の広告塔が現存していたなんて……

場所

香川県
・
綾《あや》歌《うた》郡

ジャンル

巡礼日

2018.11

十字の模様の並びはよく見ると規則的ではなくランダムなのが、ちょっとした発見です。できれば夜に点灯しているところを撮りたかったのですが、まだ午前中だったのであきらめました。

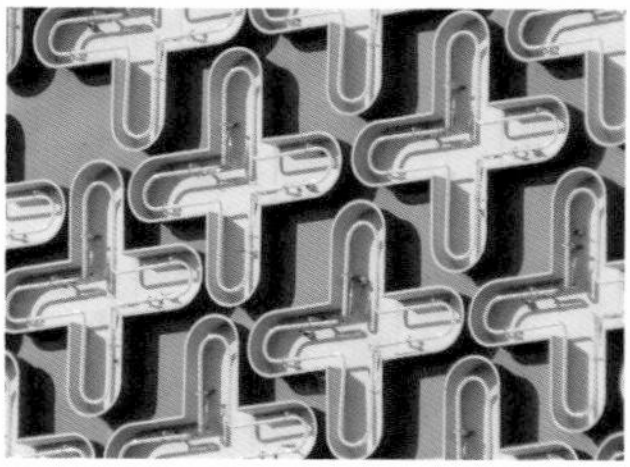

支店は全国に24ヵ所ありますが、大阪の本店を含め、この広告塔が今でも掲げられているのは、ここだけのようです。

94

焼肉 大門

なんてカワイイ建物なのでしょう！　富士山のように「ハの字」になった屋根と、眺めているだけでワクワクしてしまうオレンジ色の装飾テント。焼肉を食べることは頭になかったのですが、ここを見つけた瞬間に入店を決めました。

富士山屋根と装飾テントの昭和空間

場所

香川県
・
高松市

ジャンル

レストラン

巡礼日

2018.11

カルビはやわらかくてジューシーで美味しい！　昭和空間で食べる焼肉は格別です。店主も親切な方で、大満足でした。

期待どおりの店内。竹垣の間仕切りと観葉植物の絡みが、庭園のようで落ち着きます。奥の座敷は混み合っていました。

ラブリーサロンノンノン

95

オーナーと思われる、ちょっぴり怖そうなキャッチのおじさんが店頭に立っていたので、少し離れた場所から写真をパチリ。すると、そのおじさんが僕を見つけ、こっちへ向かって歩いてきました。あ、怒られるかな(汗)。

徳島の風俗を開拓したオーナーは器が大きい！

場所

徳島県・徳島市

ジャンル

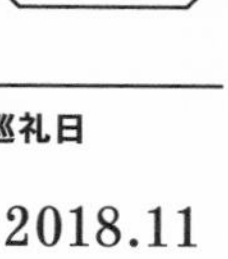

巡礼日

2018.11

ところが、「写真撮ってるの？ 電気点けてあげようか」と意外にもやさしく声をかけてくれたのです。「入店しないけどいいんですか？」「イイんだよ。写真撮ってくれたほうが宣伝になるから」こちらのオーナー、頭が切れる人だな、と思いました。それもそのはず、ここは徳島風俗発祥の店で、オーナーはまさに徳島の風俗営業を開拓した張本人だったのであります。すげー！ 一銭にもならない僕のために、いろいろと話を聞かせてくれるのですから、やはり大物は器が大きいです。そして、思う存分写真を撮らせて頂きました。セーラー服を着たカワイイ女の子の電飾看板が、夜の街に圧倒的な存在感を放っていました。

96

通町1丁目周辺

古い街並みの多いこのあたりでも「割烹 再喜」は、ひときわ存在感があります。この料理店は深夜まで営業していたようで、現役だった頃の賑やかな風景を想像させてくれます。しかし、今は人通りもほとんどありません。

朽ちた街並み全体のグレーっぽさに惹かれる

クリーニング店の引き戸は、1枚の幅が大人の肩幅ほどしかない珍しいもの。窓ガラスに書かれている「きもの洗張り致します」が時代を感じさせます。

ダンディーな紳士に似合いそうな、渋い佇まいの「スナック 風車」。斜め線の入った金属の外装材がカッコイイ。

場所	ジャンル	巡礼日
愛媛県・今《いま》治《ばり》市		2017.11

97

COFFEE ラテン

中村街道を散策中にたまたま見つけたお店。このあたりを訪れる機会もそうそうはないので、入店することにしました。それにしても、こんなに脚の長いエアコンの室外機を見たのは初めてです。しかも、テントを貫通しています。

テント貫通室外機の脚の長さはギネス記録!?

場所

高知県
・
高知市

ジャンル

喫茶店

巡礼日

2017.11

上品で高級感があるブラケットライト。アイスコーヒーを飲みながら、まったりと高知の夜を味わいました。

開業から40年以上は経っていそうな雰囲気ですが、椅子や間仕切りにはキレイな白い革が張られ、手入れが行き届いています。

98

旦《たん》過《が》市場

タイムスリップ感が半端じゃないです！　アーケード内には鮮魚店や青果店など、昭和30年代に建てられたであろうバラック建築が軒を連ね、まるで昭和時代の邦画のワンシーンでも見ているかのような景観です。

連なるバラックは昭和の邦画のワンシーン

「北九州の台所」と呼ばれるほど、市民にはなじみのある市場です。この日も大勢の買い物客で賑わっていました。

表からは独立して見える店舗ですが、裏側から見ると全部がつながっています。川に沿って裏面がむき出し状態で建ち並んでいるので、迫力も倍増です。

場所	ジャンル	巡礼日
福岡県・北九州市	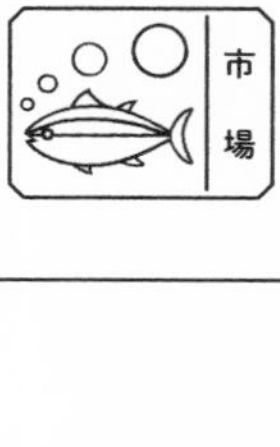 市場	2016.9

99

ラーメン屋台

市内中心部を歩いていると、何やら見慣れないものが歩道に停められていました。タイヤが付いているけど、これはいったいなんだ？　よく見ると「ラーメン」と書いてあります。そうか、これはラーメン屋台なのか……。

歩道の真ん中に鎮座する大ベテランたち

場所

福岡県
・
久留米市

ジャンル

巡礼日

2017.11

どうやら屋台は、久留米市では日常の光景のようです。久留米出身の「松田聖子」さんや「チェッカーズ」のメンバーも、この屋台を知っているのでしょうか。

店名が書かれた側面の板は、持ち上げて庇になるようです。この時すでに夕方の5時頃ですが、日が暮れた頃に営業を始めるのかな？　あたりを見渡すと、ほかにも数台が並んでいます。

水ヶ江1丁目周辺

100

佐賀城跡の近くにある新道商店街を歩いていると、古い街並みが見えてきました。どうやらこの通りは、用水路と平行になっているようで、裏側へ回ってみると、水面が鏡のようになって建物が映し出されていました。

水面に映るトタンと錆と太い枝が美しい

場所

佐賀県
・
佐賀市

ジャンル

巡礼日

2017.11

街並みの周辺には、最近に解体工事が行われたと思われる更地が広範囲にあったので、この美しく貴重な景観が姿を消す日も遠くないかもしれません。

水上にせり出している部分は、増築したのかな？　下には未加工の太い枝が何本も立てられ、建物を支えています。

101

長崎歓楽街

幻想的な光を眺めつつ脳内に流れるのはあの曲

和製イルミネーションなんて言葉はないかもしれませんが、思案橋横丁に連なる赤い看板と黄色い提灯の光景は、そう呼んでもいいと思います。幻想的でキレイだなー。脳内には「思案橋ブルース」が流れ、恍惚《こうこつ》感に包まれながら通り抜けます。

銅《どう》座《ざ》地区へ入ると、スナックが増えてきました。このあたりは誘惑の多いエリアのようで、散策中に「お仕事中」の若い女性から何度も声をかけられました。

思案橋通りとつながる船大工町商店街で見つけた「ロマン街」。電飾の色づかいに昭和40年代のオーラを感じます。集合看板を見ると、どうやらスナックビルのようです。

強烈な2つの物件を発見。「大衆クラブ」という響きが昭和らしさを感じさせます。左側の店は入り口が板でふさがれていますが、提灯があるので居酒屋でしょうか。いずれも廃業していますね。

場所

長崎県・長崎市

ジャンル

歓楽街

巡礼日

2017.11

102

日新ビル

市内で2番目に古いと言われるビル。ここは現在、出島町《でじままち》ですが、プレートにある文字は千馬町《せんばちょう》。昔は出島町の一部がそう呼ばれたためで、日露戦争時にこのあたりが軍馬の係留場《けいりゅうじょう》になっていたことにちなんだ旧町名だそうです。

時代感溢れるビルにはおしゃれなお店が

場所

長崎県・長崎市

ジャンル

ビル・建造物

巡礼日

2017.11

ここ数年で見た階段の中で、ダントツにカッコイイ！手すりの子柱の間隔がかなり広いところに時代を感じます。

ビルにはギャラリーやおしゃれな雑貨屋などが入っています。そして、ビルの反対側にも出入り口があります。

103

成人映画館 別府ニュー南映

見る気満々で訪れたのですが、残念ながら現役ではないようです。貼り紙を見ると、近くに新館があるようですが、見たいのは映画ではなく館内なので見送りました(汗)。駅前に成人映画館があるなんて、さすが温泉街です。

駅前に成人映画館という温泉街の混沌

場所

大分県・別府市

ジャンル

アダルト

巡礼日

2017.11

この様子だと、閉館してからけっこう年月が経っていそうです。一度だけでも入館してみたかったなぁ……残念。

字体が「女囚さそり」テイストでカッコイイ！　あ、でも、よく見たら文字が劣化してめくれてるだけでした(汗)。

104

喫茶ミミ

熊本西銀座通り沿いにあるお店。開業は50年ほど前になるそうで、店内は開業した時の状態が見事に保たれています。中でも特に惹かれたのは食器棚。間接照明のやわらかい明かりがグラスやカップを照らして、とてもキレイです。

食器棚、壁紙、エントランス……開業の姿を

場所

熊本県
・
熊本市

ジャンル

巡礼日

2017.11

外観も開業時から何も変わっていないようです。ラウンドしたエントランスの重厚感と観葉植物の絡みも、グッときます。

席はカウンターオンリーです。ママさんが１人で切り盛りされているので、機能性も良さそうです。壁紙もステキです！

105

青空ショッピングセンター

宮崎市最大の歓楽街「ニシタチ」にある、宮崎でもっとも古い生鮮市場。庇の上には比較的新しい看板が掲げられていますが、左半分が台風で吹っ飛んでしまったのか、味がありまくる古いトタン看板が姿を見せています。

歴史の証明、看板の下から看板が現れて

場所

宮崎県
・
宮崎市

ジャンル

巡礼日

2017.11

現役の商店もいくつかあるようですが、下りたシャッターが目立ちます。そのほか、「六番街」という横丁もあります。

上のほうは表面のモルタルが欠落して、かなり危険な状態になっています。よく見ると建物自体、少し歪んでいます。

106

西《にし》都城《みやこのじょう》駅前ビル

駅の目の前に、まさに廃墟というビルが建っていました。ビルはタイル張りの３階建てですが、正面は上の窓ガラスがすべて割れていて、右側の半分は窓枠まで欠落しています。それにしても、凄まじい劣化ぶりだなぁ。

駅前なのに凄まじい劣化ぶりの廃墟ビルが

場所

宮崎県・都城市

ジャンル

巡礼日

2017.11

黙々と写真を撮っていると、どこからともなく管理人らしき人が歩いてきて「何やってるの？」と声をかけられました。一瞬、ヤバイと思ったのですが、オドオドするとさらに怪しいので「こういう建物が好きで写真を撮ってたんですよ」と平然と答えると、「このビル、どうせもうすぐ壊すから中も見せてあげるよ」と、願ってもない返事が戻ってきました。ラッキー！「ホントですか、ありがとうございます！」ビルについて詳しいことは聞きませんでしたが、右手の壁がアールになっている部分は窓口のように見えるので、もともとは観光案内所のような施設だったのかもしれません。その後はゼネコンの事業所として使われていたようです。

107

名《めい》山《ざん》町《ちょう》商店街

ここは鹿児島市役所のすぐ近く。建物の正面に大きく「黒田金物店」と掲げられているので、一見まるごと１つの商店のように思えますが、じつは中央にある入り口の奥に、昔ながらの商店が軒を連ねているのです。

商店が軒を連ねる建物内にホーロー看板

場所

鹿児島県
・
鹿児島市

ジャンル

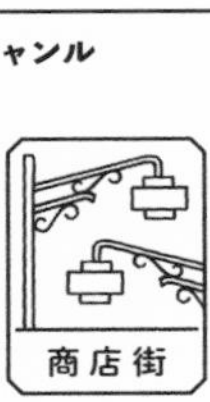

巡礼日

2017.11

奥のほうに、営業中の日用品店がありました。店頭には、昭和時代のスポンジやはたきが吊り下げられていました。

たばこや郵便のホーロー看板が昭和らしさを醸し出しています。営業していないお店が多く、人通りは少ないです。

108

第一牧《まき》志《し》公設市場

「冷しコーヒー」ですって。カワイイ。市場オープンと同時の午前８時に入場したのですが、このお店の営業は昼からだそうで飲めませんでした（汗）。

懐かしさ満点の場内で
看板をつぶさに
愛でていく

那覇のメインストリート「国際通り」にはいくつものアーケード街が交差していますが、その中の「市場本通り商店街」沿いにこの市場はあります。開設は1950年で、1972年に建て替えられています。

幼い頃を思い出させてくれる、懐かしい雰囲気の場内。どのお店も準備中のようなので、店舗の看板を1つ1つ見て堪能します。十字型の電飾看板も素晴らしい。

食事コーナー。どのメニューも新鮮で美味しいに違いありませんが、またしても準備中です……。お金を落とす気満々で訪れたのですが、時間の都合で結局何も食べられませんでした(汗)。

場所

沖縄県・那覇市

ジャンル

巡礼日

2019.5

昭和な住宅に住んでいるのです

昭和47年築／2階建て5LDK。外観はご覧のとおり、ちょっと都心を離れればいくらでもありそうな一戸建てです。庭の広さはそこそこあるのですが、公道に出るまでの私道の幅が狭く、車の出入りが少々不便です。

昭和遺産を巡ることが趣味と自覚するようになったのは２００５年。昭和時代の一戸建てと国産旧車を購入した時でした。それ以前から古い物が好きでしたが、この時、昭和のインテリアや雑貨に囲まれた家に住み、古着を着て旧車でドライブへ出かけて昭和遺産を巡るという、「昭和に囲まれた生活をする」小さな夢が実現し、この趣味が一気に加速したのです。

　といっても、それほどお金がかかっているわけではありません。中古物件とはいえ一戸建てとなると、金銭的になかなか手が出ないと思う人もいるかもしれませんが、戸建ての場合、築20年を過ぎると建物自体の価値がゼロとなり、土地だけの値段で購入することができるのです。昭和時代の一戸建ては〝古いもの好き〟には大変都合がいいというわけです。

　しかも我が家は、再建不可物件（※）だ

※法改正以前に建てられたもので建て替えすることが法的に認められていない

ったため、さらに安価で購入することができました。一般的にその物件は先々のことを考え敬遠されがちですが、我が家のように「むしろ建て替えては意味がない」人にはオススメの物件と言えるでしょう。

部屋づくりについては、昭和中期の生活をリアルに体感できるような空間を心がけています。当時の雰囲気を壊さないよう、家具はもちろんのこと、電化製品から食器のような小物類まで、できる限り当時物で統一しています。

この家で部屋づくりをして最初に感じたことは、やはり、旧《ふる》い物には旧い場所が良く似合うということでした。それは当然なのかもしれませんが、実際に部屋づくりをしてあらためて実感しました。たとえばテレビにしても、以前住んでいた家に置いてあった時はどこかホコリっぽいガラクタのような印象が拭えなかったのですが、この家に設置した途端、本来の輝きを取り戻したような気がします。

ここでは、そんな我が家の様子を写真で紹介していきます。

玄関内側は、計算し尽くされたデザインとは言い難い和洋折衷で、この時代特有の野暮ったさが際立っています。僕にとっては、この昭和中期の野暮ったさこそが最大の魅力なのです。

ポーズ人形の魅力は、たんにカワイイというだけでなく、ほかのアイテムに比べて当時の雰囲気が伝わりやすいところにあります。薔薇の造花は当時物で、近所の古びた薬局にディスプレイされていたものを譲ってもらいました。

洋室には暖炉が備え付けられています。床に敷いてある毛足の短い青い絨毯は、探しても見つからなかったので、専門店に相談して取り寄せてもらいました。ソファは60年代カリモク。丸テーブルはデンマーク製の当事物です。

4灯シャンデリアはもともと取り付けられていたものです。幾何学模様の天井板とも雰囲気がピッタリなので、この家が建てられた時から設置されていたのだと思われます。

理想を形にする

孔雀《くじゃく》の大きな油絵はリサイクルショップで購入しました。家具調ステレオは、昭和47年頃に購入して以来ずっと使い続けていますが、この家に越してきて間もなく故障してしまったので、現在は上に乗っているプレーヤーを使っています。

廊下は、むやみに飾りつけをすると家の中全体が散らかって見えるので、物を置かずシンプルにしてあります。床に敷いてある赤い毛氈《もうせん》は、部屋の中だと派手過ぎて似合いませんが、廊下に敷くと気品が漂ってくるから不思議です。

真ん中にある散切《ざんぎ》り頭《あたま》の子供の人形は、昭和45年当時、僕が入院中に母からプレゼントしてもらったもので、もっとも古い所有物です。手前の猫カップルは、奥秩父にある廃業寸前の土産屋で発見し、救出してきたものです。

日常を楽しむ

我が家ではこの和室をメインの部屋として使っています。今まで、当時の暮らしぶりを再現した部屋が展示されている昭和系の資料館には数多く足を運びましたので、その影響は少なからずあるでしょう。

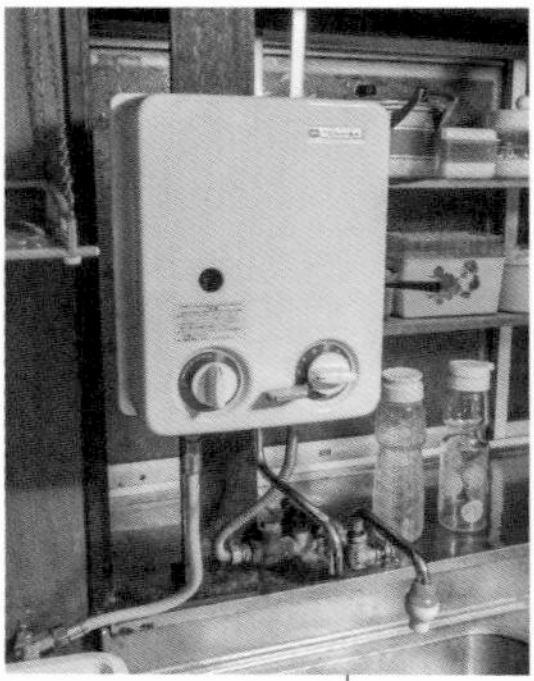

リサイクルショップで見つけた東芝製の湯沸かし器。ガス屋さんに取り付け工事をお願いしたところ、型が古くて請け負ってもらえなかったので、自分で工事しました。最初に点火させる時は爆発しないか怖かったですが、無事に設置完了。

台所は、壁が板張りになっています。床のＰタイルはこの家が建てられた時から敷かれていたものです。市松模様の色合いも当時ならではといった感じで、主張も強過ぎないので飽きがきません。

好きなものへのこだわり

この時代の硝子コップの柄は、極彩色の花模様や幾何学模様などハイデザインなものが多く、使うのがもったいなく思えてしまいます。コレクションしたつもりはないのですが、衝動買いしているうちに気がついたら増えてきていました。

階段は幅が狭いですが、ちょっとした吹き抜けになっていて、壁が高く奥行きがあります。砂壁がぼろぼろ落ちて掃除が少々大変ですが、我が家において、特にお気に入りの空間です。

全国昭和遺産巡礼［1703スポット］全リスト

※2020年6月現在＝更新中
※所在地非公開は仮名含む

北海道

函館市
- 函館漁港
- 函館どつく 函館造船所
- 喫茶 モーリ
- 函館西波止場 未完成建築
- 菊水小路
- 喫茶 エルバ
- 十字街駅 アーケード商店街
- COFFEE ポーム
- 函館公園 こどものくに
- 函館ラーメン 西園
- 函館港 西埠頭周辺
- 函館市医師会館（高橋病院別館）
- 函館駅周辺
- 珈琲専科 巴山
- 本町歓楽街
- 中島町仲通り商店街
- 中島廉売
- ティータイム 嵯峨
- 旭森通り周辺
- 螺旋階段マンション
- 喫茶 レジュール
- 軽食 & 喫茶 おか

茅部郡
- CAKE & COFFEE ドルマン
- 本町東部町内会館
- 森町公民館（森町福祉センター）
- 森駅周辺
- コーヒー 山小屋

二海郡
- 珈琲館 銀嶺
- 八雲駅前 飲屋街

虻田郡
- コーヒーとお食事の店 DRIVEIN いずみ

伊達市
- 廃墟 温泉 民宿 ドライブイン 観照園

室蘭市
- 東室蘭駅周辺
- コーヒーショップ 伽羅（きゃら）
- 長崎屋 室蘭中島店
- 金星室蘭ハイヤー
- 東室蘭団地
- 軽食&喫茶 ロピア
- カフェ 英国館
- 室蘭駅前 歓楽街
- 室蘭中央通り商店街
- 室蘭駅前ビル
- 円形校舎 室蘭市立絵鞆小学校
- 室蘭市立絵鞆小学校周辺
- TEA ROOM すずや
- 道道919号周辺
- 室蘭市立武揚小学校
- 輪西駅周辺
- 喫茶 ランプ城

白老郡
- かに料理 かに太郎
- 室蘭街道（国道36号線）竹浦周辺
- 北吉原駅
- 大昭和製紙 白老工場（日本製紙 北海道工場）
- 大昭和製紙 白老工場 社宅団地
- 大昭和製紙 白老工場 社宅団地 配管
- 萩野12間線踏切歩道橋
- 虎杖浜温泉 花の湯温泉
- 苫小牧警察署竹浦駐在所 警官ダミー人形
- 廃墟 パチンコ ニュージャパン

千歳市
- 清水町歓楽街 ギオン通り
- コーヒー&軽食 マンガ喫茶
- 錦町飲屋街／狸小路

恵庭市
- ロバパン 恵庭工場 事務所

札幌市
- 札幌パークホテル
- 喫茶 軽食 ミカド
- 植物園グランドハイツ
- 純喫茶 オリンピア
- 北海道庁舎
- 札幌駅周辺
- 加森ビル3
- 札幌三越
- 北陸銀行 札幌支店
- アーケード商店街 狸小路7丁目
- アーケード商店街 狸小路7丁目周辺
- 札幌テレビ放送会館（STV）
- さっぽろ芸術文化の館（北海道厚生年金会館）
- 珈琲 わらび

美唄市
- 空知中央地方卸売市場
- 廃墟 美唄バイオセンター
- 純喫茶 ドール
- 角屋 やきそば

砂川市
- 喫茶 インパラ
- 柳通り 商店街ゲート

滝川市
- 珈琲館 ルビアン

所在地非公開
- 喫茶 ロワール
- パーラー スズキ
- 喫茶 ガラス玉

青森県

弘前市
- 中央弘前駅周辺
- 純喫茶 ルビアン
- 軽食喫茶 こむろ
- お食事 コーヒー ウィスキー オリーブ

青森市
- 飲屋街 第三新興街
- 廃墟 青森DX劇場
- ニコニコ通り
- いろは通り商店街
- 珈琲 フォーション
- 夜店通り商店街
- 純喫茶 マロン
- 喫茶 ティファニー
- 喫茶 セカンド
- ばんかむ さとう珈琲店
- 中央一丁目周辺
- ティールーム ミラノ
- 青森県総合運動公園
- 軽食・喫茶 ユウカリ
- 喫茶 チビ

三沢市
- 十和田観光電鉄 三沢駅 電車 バスのりば
- 十和田観光電鉄 三沢駅 生そばコーナー
- 三沢市アーケード商店街
- 第一食堂
- 道頓堀街
- ユタカ街
- 飲食店連鎖街 中央街
- 飲食店連鎖街 狸小路
- 第一ぎおん街／はまなす館
- 天神街
- 土筆名店街
- 中央ハイツ コーポ Hori

八戸市
- れんさ名店街（洋酒喫茶プリンス）
- 鷹匠小路（ロー丁たぬき小路）
- 長横町 五番街
- 八戸昭和通り
- ハーモニカ横丁

十和田市
- スバル座
- 東三番町 飲食街
- 中央商店街
- 東十和田通り商店街 街灯看板
- 大学通り
- 娯楽名店街 昭和小路
- 東三番街
- 銀座商店街

秋田県

秋田市
- こうひいの店 やちよ
- 純喫茶 ハヤール
- 秋田県立美術館（平野政吉美術館）
- 喫茶&軽食 モンペリヤ
- 秋田県立体育館
- 喫茶 太田（秋田県JAビル）
- 喫茶 洋食 銀水 RESTAURANT GINSUI

能代市
- 喫茶 みむら
- エーワン・ベーカリー

北秋田市
- 純喫茶 オリビア
- 純喫茶 あすなろ

大館市
- ホテル 王朝

鹿角市
- 尾去沢バス停 秋北バス待合所
- コーヒー&パーラー ヨコハマ

岩手県

盛岡市
- 喫茶 パァク
- 岩手教育会館

紫波郡
- オートスナック ラベンダー

花巻市
- 廃墟 花巻空港 ガソリンスタンド
- 靴のオガタ
- Cafe ルパン

北上市
- 軽食と喫茶 ロマン
- 軽食喫茶 マルカール
- COFFEE SHOP 窓

奥州市
- 軽食&コーヒー ソワレ

一関市
- キッチン よしだ
- ホテル あじさい

山形県

鶴岡市
- 純喫茶 ローリエ
- コーヒーショップ サンボ
- サンロード日吉商店街
- 山王商店街
- 大滝せともの店
- 食堂 じょい
- 本町一丁目飲屋街
- 珈琲 軽食 路亞

酒田市
- COFFEE POCKET 四季
- 軽食 喫茶 マリン
- 酒田産業会館（酒田商工会議所）
- 創作甘味茶房 ケルン
- 茶房 酒房 季の花（ときのはな）

寒河江市
- 寒河江市庁舎（寒河江市役所）

山形市
- 山西ビル
- COFFEE ラヴ

上山市
- COFFEE & SNACK 木の実

米沢市
- Coffee & Snack モカ
- COFFEE &食事 シャトル
- 珈琲&食事 やまびこ

宮城県

石巻市
COFFEE SHOP すぎ

仙台市
スナック 新樹
喫茶&スナック ポニー

柴田郡
珈琲 カンテラ（とんかつきそば くさか）

福島県

郡山市
スナック・喫茶 ミラノ
せともの 渋谷本店
純喫茶 モナミ

いわき市
軽食・喫茶 サルビア
杵屋食堂
喫茶 エリーヤ
コーヒー&軽食 シルビア
純喫茶 ウィンザー
軽食&喫茶 フラワーベル
COFFEE ROOM ボナンザ
佃町公園 遊具
COFFEE モア
喫茶 風車
珈琲&軽食 挽歌
軽食・喫茶 ケイ
軽食&喫茶 ユキ

福島市
コーヒー&スナック ラーク
レストラン リンカーン
レストラン ピグミー

茨城県

つくば市
筑波山 コマ（回転）展望台

古河市
軽食 喫茶 しょうらく

高萩市
コーヒー&ランチ 道しるべ
廃墟 団地 高浜住宅

日立市
リサイクルショップ せいみや 十王店
お食事 しらかば ドライブイン
レストラン 清海
純喫茶 ウィーン

石岡市
石岡 看板建築群
喫茶 サニー
石岡駅周辺
喫茶 珈琲 マツ

笠間市
コーヒー&軽食 さかえ

水戸市
喫茶 ユニバース
ファッションビル サントピア
純喫茶 富 BENTZ-103
お食事の店 いづみや

桜川市
カーホテル 恋路

筑西市
下館駅周辺

土浦市
御料理仕出し 亀屋

栃木県

宇都宮市
東武宇都宮駅周辺
純喫茶 サンバレー
スナック フィナー新宿
純喫茶 東京
江野町横町
ステーキ ニュー桂
純喫茶 カリーナ
喫茶 美留く
COFFEE SHOP VAN
喫茶 すみれ色
ブラジルコーヒー商会 栃木県庁前店
軽食 喫茶 トップ
宇都宮駅西口周辺

鹿沼市
珈琲店 ニュー平和

栃木市
食堂 昭和軒
栃木駅北口商店街
ティティドール 洋菓子店
軽食 喫茶 ふらわー
レストラン フジ

下都賀郡
壬生駅前周辺

下野市
パブ スナック ニューローマ
喫茶 チェリー

小山市
コーヒー・軽食 フルル

足利市
甘味 喫茶 富士屋
レストラン モンシェール

佐野市
キッチン AiAi（アイアイ）

日光市
足尾銅山観光 トロッコ電車 坑内
足尾銅山観光 レストハウス足尾
足尾銅山観光 珈琲&スパゲティ ヒロ Ⅱ世
廃墟 足尾銅山 通洞工場（新梨子油力発電所）
廃墟 足尾銅山 通洞動力所
足尾銅山 通洞駅周辺
スタンド喫茶 マルサン（丸三製パン所）
軽食&コーヒー マロニエ
鬼怒川秘宝殿
鬼怒川手芸店
廃墟 鬼怒川温泉 観光ホテル廃墟群
シバタ荒物店
純喫茶 アラジン
今市駅周辺

群馬県

渋川市
八木原駅周辺
レストラン タカラ

前橋市
前橋市城東二丁目
中央前橋駅周辺
喫茶 メネシス
弁天通商店街
レストラン ポンチ
中央通り商店街
オリオン通り商店街
香竜仙店
喫茶 あおき

高崎市
高崎中央銀座商店街
衣料品 本店タカハシ
高崎観音山丘陵 天下の奇 洞窟観音
高崎観音山丘陵 高崎白衣大観音
喫茶 コンパル
珈琲館 並木
コーヒー&スナック 蛮珈夢（ばんかむ）
喫茶・食事 メルヘン
純喫茶 トムソン
Restaurant & Coffee Shop 白馬車
群馬音楽センター
レストラン 三好

桐生市
桐生が岡遊園地
レストラン しろきや
立田野食堂
珈琲 ポケット
喫茶 ポポ
甘味処 伊勢屋本店
モリムラ珈琲店

館林市
つつじが岡公園
館林本町二丁目

邑楽郡
昭和ドライブイン

太田市
太田市 赤線跡
太田駅北口周辺
太田市本町周辺
オレンジハット 太田藪塚店

沼田市
廃墟 利根川ドライブイン
沼田市役所
東倉内町商店街/国道120号
沼田市街 裏通り
食堂 酔月
スナック&喫茶 駅（ステーション）

利根郡
廃墟 ホテル大宮
ゲームセンター みなかみや
大衆食堂 フライパン
水上 ホテル聚楽
水上温泉街周辺 消火栓
水上温泉街

安中市
レストラン ニューアルプス
コーヒーショップ 軽食めじろ
廃線跡 アプトの道 めがね橋（碓氷湖）

伊勢崎市
陶磁器店 井筒屋商店
珈琲&軽食 かしの樹
華蔵寺公園（華蔵寺公園遊園地）

富岡市
喫茶 富士屋
群馬サファリパーク 遊園地
軽飲食 喫茶 飯島屋
COFFEE エクボ
上州富岡駅周辺
ドライブイン 道

甘楽郡
森平橋 かかし
下仁田駅 下仁田倉庫
下仁田駅前通り商店街
中央通り商店街
上町通り商店街
仲町本通り商店街
スナック つくし
喫茶 ロイヤル
蒟蒻 葱 直売処 萬屋（よろずや）
Coffee & Wine ぶおるが
千平駅
JA甘楽富岡甘楽支所
甘楽町役場
甘楽町公民館/商工会館
妙義山 中ノ岳ドライブイン

吾妻郡
珈琲壱番館 いしい
四万温泉 公共駐車場公園
四万温泉 落合通り商店街
四万温泉 スマートボール 柳屋遊技場
四万温泉 よろづ屋商店（よろづや商店）
四万温泉 積善館 本館
カフェテラス 摩耶
コーヒーショップ CAROLIYA（キャロリヤ）

みどり市
草木ドライブイン

千葉県

我孫子市
喫茶 トミー

柏市
珈琲ハウス サンデー
そごう 柏店
コーヒー&レストラン ライラック

松戸市
喫茶 デコ
喫茶室 川名
コーヒー&ワイン 微巣登路(びすとろ)
珈琲店 ヒヨシ
レストラン こんどる
コーヒー専門 珈琲園
フルーツパーラー ポポ
喫茶 トッパー
喫茶パーラー コロンビア
cafe COLORADO(コロラド) 松戸五香店

南房総市
白浜フラワーパーク

埼玉県

さいたま市
カフェテラス ルポ
純喫茶 ひまつぶし
楽しい買物の散歩道 岩槻名店街
コーヒー ホワイトハウス
純喫茶 ジュリアン
定食 洋食 キムラヤ
レストラン 四季
喫茶 テン
Coffee & Rest House コスモス
純喫茶 まりも
茶房 コマ
自家焙煎 珈琲屋 れんが 埼大通り店
自家焙煎 COFFEE HOUSE れんが 北浦和店
珈琲専門店 マドレッサ
KITCHEN COFFEE NAKA-Q
喫茶 やじろべえ
アーケード 一番街
珈琲専門店 幹
珈琲館 伯爵邸
COFFEE and SNACK まりも
喫茶 恵比寿屋(エビスヤ)
珈琲・喫茶 埼玉屋
埼玉会館
大宮中央青果市場 埼玉県魚市場
きしめん きそば 婦じや
お食事とコーヒー ニューフラワー
埼玉県自動車学校(食堂売店 ハナヤマ)
県立浦和図書館(埼玉県立図書館)
COFFEE SHOP maro(マロ)
カフェ&ビストロ ペニーレイン
PEPSI ペプシ ボトルクーラー
レストラン・喫茶 ヒロ
道化宿 COFFEE
浦和競馬場 連絡通路
浦和競馬場 2号スタンド
浦和競馬場 売店
前地通り商店会
トミヤビル
パン工房 ポッシュ
Coffee & Rest House コスモス

川口市
喫茶 クラウン
珈琲専門店 アルマンド
COFFEE SHOP シモン
喫茶 さかえ
レストラン カーネギー(川口市青木会館)
川口市役所
cafe NEW FOLKLORE(ニューフォークロア)
Restaurant Cafe LAVO(ラボ)
COFFEE ルパン
軽食・喫茶 茶居夢(チャイム)
珈琲館 マドンナ
コーヒーショップ 桂

戸田市
コーヒーとお食事の店 カフェ エトルア
喫茶 カド

蕨市
蕨駅西口周辺
珈琲とあんみつ 甘味処 風月
軽食&珈琲 とも

草加市
コーヒーショップ ツネ
軽食 喫茶 マロニエ
COFFEE カプリ

越谷市
日本エレベーター製造 テストタワー
パーラー 鯉
軽食 喫茶 プラム
廃墟 第三御殿湯

春日部市
珈琲パーラー ジョイ
Dining room 亜里沙
軽食 珈琲 煉瓦屋
お食事処 タイガー
COFFEE HOUSE らむ

蓮田市
珈琲&軽食 ヘイジー

久喜市
スナック 喫茶 ポ・ポ
COFFEE SHOP ピッコロ
カフェテラス ジュアン
珈琲とお食事 子猫
COFFEE & ピザ キーウェスト
自家焙煎珈琲 どんぐり

北足立郡
食堂 伊奈一

北葛飾郡
珈琲専門店 チロル
JA埼玉みずほ農業協同組合(農協) 杉戸中央支店
食堂 ゆずや

南埼玉郡
お食事 こやま
森田屋菓子店
喫茶 麻雀 なぎさ
喫茶 ポピー
コーヒー&ピザ パロキア
ティーサロン すみれ

幸手市
モンテ・ヤマザキ

加須市
お食事 喫茶 しま
coffee inn 千珈夛

羽生市
珈琲のおいしい店 cafe TIME(タイム)
エゾ あかしや 羽生店
羽生駅東口周辺
食事&珈琲 とんとん

上尾市
上尾運動公園 大滑り台
天ぷら 季節料理 味の店 天治
上尾シラコバト団地(上尾白小鳩団地)
炭火煎珈琲 桂(KEI)
コーヒー 特製サンドイッチ のんのん
オートパーラー上尾
Cafe & Pub ボナール
御食事 信濃路 二ツ宮店

桶川市
栄屋菓子舗

北本市
レストラン 大盛 北本団地店
カフェド キープ
珈琲 わ・を・ん
北本 三軒茶屋通り
焼肉 ソウル

鴻巣市
喫茶&スナック サントス
ホームベーカリー キタオカ
きそば うどん 若富庵
COFFEE 茶々
だんごの美好
大人のおもちゃ ビデオハウス

行田市
レストラン えびな
東行田駅周辺
廃墟 谷郷 ガソリンスタンド
フライ やきそば 古沢商店
純喫茶 フォンティーヌ
キッチン キャビン
オートレストラン 鉄剣タロー
珈琲苑 憩
COFFEE SHOP CARAVAN(キャラバン)
CAFE DESSERT Boutique glacerie(グラスリー)

東松山市
喫茶 再会
廃墟 喫茶 軽食 アリス
ピザハウス カポン
生そば 手打うどん よしみ屋
茶豆館 あすなろ
離れ便所小屋
廃墟 医学の温泉 埼玉ラドンセンター
廃墟 東松山遊園地
こども動物自然公園
お食事&喫茶 喜楽
めぐみ食堂
レストラン コージヤ
島田屋(島田氷店)
岩殿観音(正法寺) 遊具
日用品・銘茶・砂糖 大阪屋
朱色の街灯と棕櫚(シュロ)の木
中華定食 たんぽぽ
生そば うどん 丼物 第二稲麺家(だいにいねのや)
化粧品 化粧小物 はたらきや
箭弓稲荷神社 いろり茶屋 ぼたん
珈琲亭 魅乃瑠
はらぺこ食堂
ラーメン 福寿苑
そば処 更科(さらしな)
お食事処 桜株
丸広百貨店 東松山店(CAFE POEM)
ひかり食堂
そば処 むさしや
中華レストラン ニュー北味
中華料理 らーめん 來々軒(来々軒)
軽食 & COFFEE TOPOSU(トポス)
お食事処 かどや
山田うどん 東平店
そば処 松月庵
一番街商店街
味処 まつい
中国料理 唐天竺一
松原町商栄会商店街
定食 味春家
中原コート
レストラン かきの樹

坂戸市
坂戸駅北口商店街
ほんだ菓子店
レストラン&コーヒー サングリエ
ステーキハウス リベラ
喫茶去 タイム
レストラン いなどめ
COFFEE サザン
喫茶とお食事 ろーず
COFFEE & ワッフル チキタ
COFFEE 花梨
おそば 増田屋
甘味処 シルクロード
COFFEE & TEA Tinker Bell(ティンカーベル)
KITCHEN たぁーきぃー
RESTAURANT ぽにーてーる
ラーメン 中華 すえ広
ワイアールマンション

熊谷市
レストラン 喫茶 高原
珈琲専門店 K
コーヒーショップ アーモンド
喫茶 窓
A-1 ビリヤード
大露路商店街
軽食 肴 お酒 こだま
珈琲館 らずべりぃ
喫茶 トミー

フィッシング&コーヒーサクマ
喫茶 珈水亭 銀座店本店
喫茶 お食事 たばこいづみや
御食事処 ふらい やきそば いわ瀬
だんご 大黒屋
ティールーム 友
COFFEE 軽食 しゃとる
手打うどん 天狗屋
パーラーさくらんぼ 熊谷店 ネオンサイン
ラッキーベーカリー

深谷市
廃墟 アライセントラルボウル
食堂 伊勢屋
喫茶 Holly(ホーリィ)
喫茶・お食事処 向井食堂
軽食・喫茶 プチ
和洋スナック 純
菊泉 巨大煙突
深谷駅 本町商店街
定食 中華 文月食堂

本庄市
レストラン はじめや
COFFEE SHOP 欅(けやき)
珈琲屋 コスタリカ
本庄駅周辺
れすとらん みらの
COFFEE HOUSE ヨーデル
コーヒー・プレスサンド
ペニーレイン
児玉駅周辺
ジャズ喫茶 龍胆(りんどう)
石井のたいやき
曹洞宗 長泉寺
ホテル まいづる

朝霞市
スナック 喫茶 モカ
サイホン珈琲の店 夕月
軽食・喫茶 珈琲専門店ARIS

新座市
純喫茶 ミコノス
喫茶 あすなろ

志木市
COFFEE & SPAGHETTIプーポ
ダイエー 志木店
食事・喫茶 アリス

富士見市
コーヒーと軽食 スナックK
パンとコーヒーの店 珈琲専門 啓
喫茶 カラオケのお店富貴
定食&喫茶 さくら通り三丁目定食
駄菓子屋 林商店

ふじみ野市
コーヒー専門店 ビーンズ
茶房 札蘭屯(じゃらんとん)
珈琲専門店 エーデル
珈琲 どんぐり
珈琲専門店 グッチ

所沢市
レストラン キャッスル
珈琲 東京堂
コーヒー ボンボン
喫茶&スナック ニューポニー

川越市
喫茶 祇園
角栄商店街
欧風洋菓子 ニューみづほ 本店
川越大師 喜多院
カーニープレイス川越ビル
丸広百貨店(まるひろ)川越店
川越市市民会館(市民会館ホール)
コーヒーパブ 舞夢
三芳野神社 やきそば菓子・ジュース 小峰商店
喫茶 神田 珈琲園
コーヒーと軽食 タンネ
じまんやき 富士屋商店
コーヒーショップ マンデリン
ティ・ハウス マイ・ウェイ
やきそばのみどりや
COFFEE セブン
川越名店街
シマノコーヒー 大正館
大正浪漫夢通り商店街
川越蔵通り東側周辺
時の鐘 だんご 田中屋
チューリピアロード
霞駅前名店街

狭山市
入曽駅前商店街
コーヒーハウス メープル

入間郡
黒山三滝
黒山三滝 根っ子食堂
黒山三滝 三滝みやげ
越生駅周辺(喫茶 アミーゴ)
武州長瀬駅周辺(コーヒーハウス ジリオ)
純喫茶 千種(ちぐさ)
喫茶 ホープ
中華料理 松喜屋
埼玉医科大学 福祉棟
お茶と陶器の店 みどり園
一本脚屋根の灯油スタンド
レストラン喫茶 マミー
製造販売パンの店 木村屋
珈琲ギャラリー 胡桃の木(くるみのき)
廃墟 鎌北湖
鎌北湖 レイクビューホステル

入間市
桜山展望台

比企郡
小川町駅前商店街
喫茶 コスモス
松浦食堂
みなみ食堂
人工名所 巌窟ホテル高壮館(巌窟売店)
カフェテラス シンフォニー
喫茶 モール
レストラン まろうど
JA埼玉中央農協 吉見センター
吉見観音(安楽寺)厄除だんご どびんや
陶器店 お茶の 金子園
八丁湖公園
茶房ギャラリー 夢
手打うどん うなぎ 天ぷら たなか
ハヤカワ支店
吉見百穴 地下軍需工場跡
女郎うなぎ 割烹旅館福助
国指定重要文化財 吉田家住宅
旅館 小川ラドンセンター
珈琲の名門 沙羅英慕嵐山店
割烹 二葉 支店
食堂 あらい
うなぎ・天麩羅・松花堂いわた家
ニューラーメンショップ吉見店
カフェ・ド・レストランベル
武蔵嵐山西口駅前(県道251号)
武蔵嵐山駅周辺(県道69号)

大里郡
波久礼駅
男衾駅周辺
喫茶 木馬
喫茶 横浜屋
珈琲店 自家焙煎 洗濯船
松ノ木食堂
寄居町商店街 県道296号
寄居町商店街 寄居駅前通り
食堂 今井屋
玉淀駅周辺
カフェ レストラン ミルトン
そば処 丸梅
洋食 つばき

児玉郡
北武蔵ドライブイン あぶらや

飯能市
カフェテラス コーヒーマハロ
珈琲専門店 コーヒー苑
レストラン & 喫茶 エミール
イチノ陶器
飯能駅前通り/国道299号
飯能銀座商店街
飯能 味のプロムナード街

日高市
コーヒー&スパゲッティちゃみ

秩父郡
宝登山ロープウェイ
宝登山ロープウェイ 山頂レストハウス
長瀞駅前商店街
見晴亭

秩父市
定峰峠(鬼うどん)
レストラン 白鳳(ハクホー)
松本製パン
番場商店街
パリー食堂
パーラー コイズミ
レストラン エデン
三峯神社(三峰神社)
橋立鍾乳洞前 楽焼 土津園(はにつえん)
純喫茶 モン
珈琲道 ぢろばた
リサイクル CX商会 常設フリーマーケット
甘味食堂 松むら

所在地非公開
幾何学模様ドアの純喫茶
高級マンション FNハイツ
ポンポンシェードの純喫茶
はやぶさビル
廃墟 八画ドライブイン
カラオケ 喫茶 スマイル

東京都

文京区
珈琲 ボンナ(Bonna)
COFFEE こゝろ(こころ)
万定フルーツパーラー(まんさだ)
喫茶 ルオー
純喫茶 エデン

台東区
COFFEE SHOP ギャラン
純喫茶 みち
浅草地下商店街
レストラン 東洋
上野駅 広小路口 中央改札口 壁画
喫茶 ケント(COFFEE KENT)
珈琲 王城
純喫茶 丘(COFFEE MUSIC OKA)
上野公園 東照宮第一売店
珈琲 セブン
高級喫茶 古城
純喫茶 いづみ
coffee ヤマ
喫茶 シルクロード
珈琲 エノモト
喫茶 ピーター
Coffee Shop らい
純喫茶 ラブ
純喫茶 キャノン
純喫茶 ニューキャノン
上野こども遊園地
魔性の味 珈琲 オンリー
喫茶 あかね
純喫茶 きゃんどる
スナック 喫茶 白鳥(しらとり)
喫茶 ロダン
喫茶 リーベ
珈琲舎 ダンケ(cafe DANKE)
紀文堂総本店 甘味 紀文喫茶室
Coffee Bar Only(オンリー)
喫茶 軽食 筑波

喫茶 スナックニューフロンテ
洋菓子 喫茶 アンヂェラス
喫茶 待合室
純喫茶 ブラザー
喫茶 デンキヤホール
珈琲専門店 銀座ブラジル 浅草店
ひさご通り商店街 裏通り
COFFEE LOUNGE JOY(ジョイ)
JR東日本 浅草橋駅
浅草橋駅周辺
純喫茶 有楽(ゆうらく)
浅草橋／新御徒町周辺ビル
おかず横丁 鳥越本通り商盛会
Tea Room Nakaya／中屋洋菓子店
大衆酒場 追分
山田宝飾店

足立区
清涼飲料 甘味 軽食 かどや
西新井大師商栄会商店街
COFFEE HOUSE MOA(モア)
喫茶室 サンローゼ
コーヒーショップ あかしや
純喫茶 ブリッヂ
珈琲 モカ
喫茶 シビア
たばこ売店 越中屋雑貨店
喫茶 シルビア 西新井店

荒川区
魔性の味 オンリー
喫茶 ふじ
パーラー オレンジ
荒川区役所
喫茶室 白樺
coffee おいしい水／喫茶 ナルビ

墨田区
喫茶 珈生園
純喫茶 マリーナ

中央区
COFFEE RON(ロン)
喫茶・軽食 桃乳舍
COFFEE & TEA DISCUSS(ディスカス)
喫茶去 快生軒／コーヒー&ハンバーガーレモン
喫茶 ポニー
東京都中央卸売市場築地市場
Coffee センリ軒
珈琲の店 愛養
カレー&コーヒー さかえや
築地市場 場外市場
喫茶 ボン
珈琲・お雑煮 マコ
浜離宮恩賜庭園
中銀カプセルタワービル

千代田区
喫茶 ストーン(有楽町ビルヂング)
ゲームコーナー ミッキー
靖国神社 外苑休憩所
純喫茶 ローヤル
オールドインペリアルバー
帝国ホテル 最上階レストラン
帝国ホテルタワー 帝国ホテルプラザ
インターナショナルアーケード
麹町駅周辺

港区
喫茶 いまあさ
珈琲 バイオレット
パーラー キムラヤ(新橋駅前ビル)
喫茶 モト
喫茶 八慶
珈琲 アイビー館
ホテルオークラ 本館
ホテルオークラ 別館

品川区
珈琲 軽食 この路
喫茶 洋菓子 パン 木村屋
コーヒー ユウザン
珈琲 スマトラ
珈琲専門店 珈琲太郎
洋食 ブルドック

大田区
スナック喫茶 チロル
喫茶 いけはら
COFFEE HOUSE CARROT(キャロット)
珈琲亭 ルアン
喫茶 れもん
純喫茶 リオ

新宿区
スバルビル 新宿の目
珈琲の店 ピース
喫茶 沙婆裸
珈琲&お食事 喫茶 ロマン
喫茶 つかさ
珈琲 ロン(Lawn)
東急ミラノ(新宿ミラノ座ミラノボウル)
戸谷ビル(TOYA BLDG)
安与ビル(YASUYO BLDG)
軍艦マンション(ニュースカイビル)
オスローバッティングセンター
新宿駅東口 夢のプロムナード 壁アート
珈琲 タイムス
珈琲 西武
珈琲 らんぶる
増田ビル
谷合ビル
新宿バッティングセンター
新宿駅 西口立体広場
新宿地下鉄ビル
新宿西口駅前 西新宿1丁目
KSKビル
喫茶 楽屋
新宿駅東口駐車場
新宿民衆駅ビル
名店ビル
F1ビル
リストランテ 文流 高田馬場店
高田馬場2丁目飲食街
ラーメン 餃子 岐阜屋
国鉄アパート(JRアパート)
ゴールデン街
思い出横町
チェックメイトビル
ひとみビル

中野区
野方 文化マーケット
喫茶 シェルテ
お食事の店 ノトヤ
純喫茶 ザオー
ミカドコーヒー 中野沼袋店
カフェ ソレイル
珈琲ハウス エイト
キッチン 南海
COFFEE & SNACK ミロン
洋菓子 パン 喫茶 ルーブル
ムーンロード 駅前飲食店会(旧住吉小路)

杉並区
荻窪北口駅前通商店街(喫茶 邪宗門)
食事 富士ランチ
甘味の店 あづま
珈琲専門店 ボニー
名曲画廊喫茶 ネルケン
珈琲店 どんぐり舎
COFFEE LODGE DANTE(ダンテ)
珈琲専門店 ウイン
音楽室と珈琲 ルネッサンス
cafe bouquet(ブーケ)
珈琲専門店 珈里亜

渋谷区
名曲喫茶 ライオン
代々木会館(エンジェルビル)
純喫茶 車
喫茶 銀座
道玄坂 看板建築群
西武百貨店 渋谷店
国立代々木競技場 第一体育館
国立代々木競技場 第二体育館
岸体育館
パンとケーキ 文明軒
コープ オリンピア
ビラ・ビアンカ

目黒区
新鮮果実 フルーツパーラ たなか

世田谷区
下北沢駅前食品市場
和菓子・お食事・喫茶ミナト
コーヒーハウス 邪宗門 世田谷店
喫茶 せざんぬ(セザンヌ)

板橋区
珈琲家 不二越
成増北第一公園 遊具
コーヒーハウス フジ
COFFEE & SNACK TOM(トム)

豊島区
レストラン あかね
珈琲 オリーブ
談話室 エリート
コーヒー いちこし
COFFEE HOUSE BOGEY(ボギー)
喫茶 えんどう豆
洋菓子 喫茶 お食事 タカセ 池袋本店
珈琲専門館 伯爵 池袋北口店
珈琲専門館 伯爵 池袋東口店
COFFEE & SANDWICH ぶどうや
珈琲 伴茶夢
東武百貨店池袋本店 第一西池ビル 連絡通路
喫茶 マーガレット
喫茶 ヴィオレ

北区
十条中央商店街
北歯科医師会館
東十条駅前
COFFEE みかさ

練馬区
石神井公園 豊島屋 御休憩所
珈琲専門店 ヒロ
珈琲舎 歩歩
サイフォン 珈琲 リリー
coFFee house アン
喫茶 ベル
喫茶 ボタン

武蔵野市
クラシック音楽 バロック
COFFEE HALL くぐつ草

東久留米市
ひばりが丘団地
ふれあいの通りPiPi

小金井市
純喫茶 毬藻(まりも)
煎豆・菓子 ムサシヤ

西東京市
喫茶 軽食 まぼ
珈琲館 くすの樹
Tea & Coffee 宮殿
西武柳沢駅 柳盛会柳沢北口商店街
田無駅周辺
COFFEE SHOP フジ

福生市
銀座通り 銀座商栄会

八王子市
純喫茶 田園
珈琲&フード フランク
くまざわ書店 八王子店 週刊新潮タイルアート
喫茶 カトレア
珈琲舎 バンビ
珈琲 サントス
自家焙煎珈琲専門店 八王子御殿山 パペルブルグ

東村山市
サイフォン 珈琲の店 ボン

清瀬市
世界のCOFFEE パリス
コーヒーハウス チロル
coffee みづほ

だがし屋 島田商店
珈琲 るぽ
清瀬駅周辺(手焼せんべい栄草庵)

小平市
珈琲 待夢
喫茶 太陽
小平市立 上水公園 遊具

東大和市
珈琲専門店 シャロー

青梅市
奥多摩釜めし
奥多摩名物 へそまん総本舗

所在地非公開
青い硝子ドアの純喫茶ブルーフラワーマンション

神奈川県

相模原市
相模湖公園
レストラン&コーヒーキャビン
南橋本駅周辺(喫茶コロンビア)

小田原市
スナック ラ プラネット
菓子・喫茶 光栄堂
銀座通り
歓楽街 宮小路
純喫茶 ケルン

横浜市
カフェテラス モデル
石川町駅周辺
寿町総合労働福祉会館
寿地区 寿飲食街
万世町 表通り
総合食料品 横浜橋市場
コーヒー マツモト
アーケード 横浜橋商店街(よこはまばし)
CAFE'
喫茶 TAKEYA(タケヤ)
伊勢佐木町商店街 イセザキ・モール
億万ビル
米国風 洋食 センターグリル
都橋商店街(ハーモニカ横丁)
大島コーヒー店
都橋周辺
Tea Room 花壇
コーヒー&ハンバーガーキャビン

新潟県

長岡市
コーヒー&スナック ぺぺ
純喫茶 パール
喫茶 ニューコロムビア
レストラン フラミンゴ
黒条小学校通学路 自転車置き場
COFFEE HOME CHARIN(シャルラン)
珈琲館 千房(ちぼう)

見附市
カフェテリア 志賀

加茂市
コーヒー&レストラン ピノキオ
パーラー 高原

燕市
純喫茶 ロンドン
ホテル 公楽園 3(特別室)
ホテル 公楽園 7(和室)

南魚沼市
珈琲店 邪宗門

新潟市
コーヒーの店 白十字
喫茶 マキ
コーヒーショップ カラカス
喫茶 白鳥
厚生年金 新潟陸上競技場
厚生年金 新潟市体育館
珈琲専科 仲村珈琲館
珈琲 フルト
カフェテラス カリオカ
coffee HOUSE サンアイ
珈琲 六曜館
コーヒーの店 マントン
喫茶 モカ
ないものはない 西田屋

上越市
直江津駅前商店街
レストラン ベニス
くさのや 直江津店
珈琲テラス ファミール

三条市
純喫茶 ゆり

柏崎市
喫茶 北欧

糸魚川市
喫茶 あかね

所在地非公開
時間が止まった電気店

長野県

松本市
珈琲美学 アベ
珈琲 まるも
時代遅れの洋食屋 おきな堂
珈琲の店 翁堂茶房
御菓子処 翁堂 本店
甘味喫茶 塩川
松本駅周辺
上高地帝国ホテル

上田市
甲州屋 森永アイスクリームコーナー
珈琲 木の実
喫茶 故郷
喫茶 ニュー ビーナス

千曲市
戸倉駅前

上水内郡
れすとらん LOOK(ルック)

長野市
ホテル プレジデント
軽食&喫茶 メモアール
三本コーヒーショップ
珈琲館 りんどう
珈琲館 モカ

佐久市
岩村田本町商店街(いわむらだ本町商店街)
小料理 焼肉 たつみ
tea lounge Pietoro(ピエトロ)
喫茶スナック 茶王
JA佐久浅間農業協同組合 岩村田支所
岩村田本町商店街周辺
好楽センター
COFFEE & PIZZA ぽえむ
珈琲 木馬
喫茶&スナック ルピナス
喫茶 雀荘 シャドウ

北佐久郡
廃墟 浅間モーターロッジ
珈琲専門店 茶房 マリヤ
廃墟 旅の駅 ドライブイン 軽井沢
フランス菓子&喫茶ル・レガラン
ミカドコーヒー 軽井沢旧道店
珈琲館 旦念亭(たんねんてい)

小諸市
小諸駅前ビル
純喫茶 マモー
お食事 COFFEE アモン
喫茶 いけの
おみやげ レストラン 喫茶 さかい
大手 鹿島町商店街

所在地非公開
喫茶 えんどう

山梨県

富士吉田市
富士吉田 看板建築群
レストラン 鮮笑

笛吹市
ホテル 展望

都留市
純喫茶 旅苑

甲府市
珈琲 六曜館
珈琲 カムイ
レストラン 洋食と喫茶 スリースター
純喫茶 俺の巴里

静岡県

熱海市
COFFEE ボンネット
喫茶 加奈
純喫茶 田園
スナック喫茶 くろんぼ
レストラン フルヤ
射的スマートボール ゆしま遊技場
熱海ロープウェイ
熱海秘宝館
熱海温泉 ホテルニューアカオ
熱海第一ビル
珈琲 貴奈
仲見世名店街
仲見世名店街付近
田原本町1丁目周辺
咲見町周辺
純喫茶 サンバード
なぎさ中通り商店街周辺
中央町周辺
銀座町周辺
喫茶 パインツリー
廃墟 玄岳ドライブイン

伊東市
宇佐美駅前商店街
珈琲の店 サン
伊東駅周辺
ハトヤ ホテル

賀茂郡
熱川バナナワニ園
熱川温泉周辺

下田市
珈琲店 邪宗門
伊豆急下田駅前
伊豆急下田駅周辺
喫茶 藍
ホテル マリオン
下田海中水族館
廃墟 グフホテル
ペリーロード

三島市
純喫茶 クール
ティーサロン ボナール
純喫茶 ラ・ポール
駅前海鮮市場
三島駅前通り名店街
三島駅周辺

沼津市
喫茶と軽食 ケルン
アーケード名店街
沼津銀座商店街

浜松市
ホテル モア
喫茶 軽食 たじま

富士市
コーヒー&パフェ アサマツヤ
軽食と音楽とコーヒーとりんでん

富士宮市
珈琲 らんぶる

掛川市
COFFEE & WINE アカシア

静岡市
純喫茶 木馬
銀座小路
清水銀座商店街
洋菓子喫茶 富士

所在地非公開
COFFEE & SNACK マロン

富山県

富山市
富山市立図書館(旧本館)
COFFEE HOUSE ロニアン
珈琲駅 ブルー・トレイン
総曲輪歓楽街
桜木町レストタウン
ちぼりビル
総曲輪2丁目周辺
総曲輪ビル
珈琲舎 さいほん(SIPHON)
富山商工会議所ビル
みどり通り商店街
うどん そば 清水屋
富山県議会議事堂

射水市
お食事・喫茶 利助

氷見市
氷見漁港 きたのはし周辺
氷見中央町商店会
喫茶 モリカワ
喫茶 ブラジル

所在地非公開
COFFEE ROOM トライアングル

石川県

金沢市
純喫茶 ローレンス
金沢中央味食街
歓楽街 新天地
片町・香林坊周辺
食事処 やきとり横丁
中華 珉来

小松市
猫ばし 飴屋通り
TEA ROOM 泉
三の市 朱門通り 三日市商店街
八の市 曳山通り
猫の御坊通り商店街
竜助町 木造建築群
パーラー アコ

福井県

あわら市
JA花咲 ふくい細呂木
珈琲専科 アンディ
芦原温泉駅周辺
市姫2丁目周辺
国際観光旅館 長谷川
ワンダーランド
東尋坊タワー
東尋坊 土産屋通り
餐坊食堂

岐阜県

岐阜市
丸川センター
柳ケ瀬センター
スタープレイス柳ケ瀬商店街
金華橋通り
高島屋南商店街
レンガ通り商店街
弥生通商店街
問屋町中央ビル
繊維問屋街
長住町6丁目交差点付近
純喫茶 甍(いらか)

海津市
県道56号線 庭田交差点付近

不破郡
和洋酒 総合食料品 西村商店

所在地非公開
珈琲 マコ

愛知県

岡崎市
鉢地坂モーテル群
ホテル 伍萬石
喫茶・軽食 コロンボ
喫茶 キャッスル
お食事・喫茶 ドライブイン こばやし
喫茶 軽食 木馬

安城市
喫茶・軽食 琴

名古屋市
喫茶・食事 つくし
洋菓子 喫茶 ボンボン 桜山支店
洋菓子 喫茶 ボンボン本店
喫茶 ユキ
コーヒー飲みの店 純喫茶 クラウン
長者町繊維街
喫茶 新潟
喫茶 西アサヒ 天池店
天池通商店街
御嶽温泉
喫茶 ユキ
喫茶 パスカル青山
大高緑地公園 休憩センター
円頓寺商店街
円頓寺本町商店街
下之一色魚市場
下之一色商店街
COFFEE ロビン
COFFEE サン
喫茶 コンパル 大須本店
Coffee 4ビート
珈琲館 えくぼ
噴水 希望の泉
名古屋テレビ塔
庭園喫茶 峰
コーヒー・ランチ ポッポ
喫茶 スギ
喫茶 バーディ
喫茶 ヒースロー
駅西銀座商店街
椿町周辺
喫茶と軽食 すず
喫茶 軽食 アロマ
COFFEE ミヤ
中部日本ビルディング(中日ビル)
瑞穂通三丁目市場
珈琲 ライオン
大門通り(新大門商店街)
賑町飲食街
大門小路
大門横丁
珈琲 美保
中央菓子卸市場

豊橋市
パン 生菓子 ボン・千賀
ミリオン通
豊橋駅周辺

海部郡
蟹江駅周辺

弥富市
COFFEE シャロウ

一宮市
萩原駅前商店街
美濃路商店街
庭園喫茶 フレンド
一宮団地
シネラマパワー

稲沢市
珈琲専門店 LICENSE

愛西市
喫茶 和

津島市
喫茶 軽食 ハミング

三重県

亀山市
お食事 喫茶 伊勢路
亀山駅前
パーラー 尚
ダイヤモンドビル

桑名市
桑名駅/西桑名駅前
桑栄メイト(桑栄ビル)
桑名駅前 歓楽街
銀座商店街(銀座街)
錦通り
桑名一番街
尾張大橋

四日市市
四日市駅
三和商店街
パーラー イトウ
ニイミビル
山本ビル
四日市駅周辺
喫茶 軽食 キャビン
喫茶 ロビン
塩浜駅周辺
喫茶 奈良
高花銀座商店街
高花平市営住宅
近鉄富田駅前通り商店街
中町通り商店街
諏訪栄町横丁
すずらん通り周辺
のれん街
西新地4丁目飲食街
喫茶 サハリン
四日市駅前飲食街
喫茶 軽食 あけぼの

三重郡
円形校舎 朝日町立朝日小学校
銀河電機工業ビル

鈴鹿市
鈴鹿市駅前周辺
珈琲 ロスカ
神戸2丁目周辺
神戸公民館周辺

津市
喫茶 むつみ
喫茶 グリーン
近鉄津駅前ビル
エイトビル
津東口駅前周辺
JR津駅東口歩道屋根
喫茶 サンモリッツ
大門商店街 飲食店街
喫茶 グリル キャニオン

松坂市
愛宕町商店街

伊勢市
伊勢駅前商店街
和洋食 喫茶 若草堂
スマイル日宝堂
新道商店街
喫茶 城/さくら通り商店街
明倫商店街

多気郡
山の駅 よって亭
廃墟 パチンコ マルマン

度会郡
ドライブイン あら竹
大紀町周辺

尾鷲市
純喫茶 磯
廃墟 駅前ホール
COFFEE 梓
廃墟 パチンコ 共栄
尾鷲一番街商店街
廃墟 ロマン座

滋賀県

長浜市
長浜タワービル
元浜町周辺

彦根市
佐和町商店街
袋町遊郭跡
銀座街(銀座商店街)
中央一番街(中央商店街)
喫茶 パーラー 風月
喫茶 ベニヤ

奈良県

吉野郡
吉野ロープウェイ
下市口駅前商店街

京都府

京都市
コーヒーの店 シャモニー
ぎおん石 祇園店 喫茶室
ぎおん石 祇園店 京そば処
喫茶 ソワレ
喫茶 琥珀
京都タワー
リド飲食街

三条会商店街(COFFEE SHOP 扉)
喫茶&軽食 ムーン
喫茶 ブルボン
純喫茶 リリー
市営桃陵団地 給水塔
古川町商店街

大阪府

大阪市
明日香菓司 純喫茶
喫茶 ダイヤモンド
純喫茶 ジュン
喫茶 パーラー ドレミ
Tea Room スワン
コーヒーハウス 田園
Tea room マヅラ
コーヒーショップ ローザ
純喫茶 アメリカン
玉出本通商店街
玉二商店街
玉出北商店街 玉新本通り
玉出東商店街
京橋一番街
京橋 グランシャトー
シャトー商店街
京橋駅周辺
純喫茶 スワン
ホテル 富貴
ホテル 富貴 周辺
通天閣
新世界市場
円形校舎 浪速短期大学
にしてん商店街(西天商店会)
COFFEE SHOP マル屋
南本通商店会
鶴橋商店街
鶴橋卸売市場
天王寺駅前商店街
天下茶屋商店街 天友会
天下茶屋駅前商店街
ふろやさんわ
飛田本通商店街(動物園前一番街)
飛田本通商店街(動物園前二番街)
山王市場通商店街
新開筋中央商店街
King of Kings
喫茶 タンポポ
十三駅周辺(喫茶 なにわ)
長吉銀座商店街
永吉本町商店街
喫茶 ロア
喫茶 アリア
JR大阪駅 高架下
新梅田食道街
純喫茶 プラザー
城東商店街
城東中央商店街
喫茶・軽食 白泉堂
今福商店会
中津商店街
阪急東中通商店街

豊中市
服部天神駅前通り
服部元町商店街
円形校舎 私立梅花中学校・高等高校

柏原市
柏原駅前 国道沿い周辺

泉南郡
喫茶 ロータリー
深日町駅 鉄橋

和歌山県

和歌山市
七曲市場(七曲商店街)
東卸市場
みその商店街
みその東通商店街
北ブラクリ丁商店街
立ち呑み 酒一
ふれあい通り商店街
和歌山駅前歓楽街
屋形大通り商店街
築地浜通り商店街
銀座通り商店街
中ぶらくり丁商店街
喫茶 軽食 ファッション
喫茶 ソル

新宮市
新宮駅前本通り
喫茶&カレーの店 ドン
歓楽街 馬町周辺
仲之町周辺
喫茶 茶苑
TEA ROOM RON
タンカク商店街
第三銀行 旧新宮支店
純喫茶 バンビ
カフェ プチレスト Setsu
仲之町商店街
廃墟 パチンコ 赤玉

東牟婁郡
JAみくまの 宇久井支所
喫茶 軽食 セブン
純喫茶 亜珈里
喫茶 軽食 ユータウン
いざかた通り商店街
紀伊勝浦駅前商店街
勝浦漁港前商店街
勝浦漁港
廃墟 田子周辺

西牟婁郡
廃墟 パチンコ 日置プラザ

田辺市
飲屋街 味光路
弁慶通り商店街
駅前新通り商店街
北新町商店街
喫茶・軽食 フルート
純喫茶 巴里
COFFEE チャンピオン
田辺私立武道館
芳養漁港

御坊市
廃墟 波トタンに覆われた工場
喫茶 軽食 サンフィールド
松原通り商店街
西御坊駅周辺
廃線 紀州鉄道 踏切跡
喫茶 バー パレス

日高郡
旅館&喫茶 リングスリー

有田郡
コーヒー てまり
洋酒喫茶 御苑

海南市
お食事 喫茶 一福
廃墟 レストラン 紀文
船尾市場

兵庫県

神戸市
純喫茶 ローズ
喫茶&軽食 ニューセブン
喫茶 ホワイト
大安亭市場
喫茶 白鳥
喫茶・軽食 カレント
COFFEE & TEA マルナカ
喫茶 ベン
喫茶・軽食 チュール
神戸新鮮市場 東山商店街
喫茶 スワン
茶房 小町
coffee shop 光線
ミナエン商店街
喫茶 ベニス
TEA ROOM エデン
喫茶 凡
TEA ROOM アミカ
喫茶 ぱるふぁん
元町高架下商店街
丸五市場
六間道商店街
本町筋商店街
西神戸センター街

高砂市
サンモール高砂
高砂センター商店街
銀座商店街
本町商店街

加西市
ドライブイン 湖城

姫路市
ひめじ手柄山遊園
回転展望台 喫茶 手柄ポート
姫路大博覧会跡
喫茶 Gセブン
喫茶 タカタ

加古川市
喫茶 だんだん
コーヒー&レストラン エデン
加古川一番街じけまち
喫茶 オアシス

三木市
喫茶 ボン

明石市
Tea Room ヤマト

鳥取県

鳥取市
廃墟 砂丘パレス
若桜街道商店街(国道53号線)
新町商店街
開発ビル/軽食・喫茶 ウッド

倉吉市
珈琲 ドルミ
円形校舎 倉吉市立明倫小学校

米子市
喫茶 エルボン

岡山県

岡山市
奉還町商店街
第一ビル
中山下一丁目周辺
天満屋
らーめん 一直
岡山一番街 タイルアート
珈琲専門店 岡山壱番館
西大寺町商店街
千日前商店街
珈琲 モカ
岡山ラジコン カーセンター
喫茶 軽食 キャッスル

真庭市
廃墟 麻雀 やまびこ

倉敷市
通町商店街
軽食 喫茶 ミッシェル
通町商店街周辺
鶴形商店街
うどん 丼物 奴
鶴形ビル

瀬戸内市
食事と喫茶 ループル

備前市
廃墟 パチンコ クラウン

島根県

出雲市
廃墟 パーラー・ヒルトン

大田市
大田市駅前通り

広島県

広島市
原爆ドーム
流川・薬研堀地区
洋食屋 アラスカ
ヌードの殿堂 広島第一劇場

呉市
有楽街
三和通商店街
やよい通商店街
純喫茶 ぶらじる
麗女通商店街
金座街
中ビル(呉中ビル名店会)
喫茶 ゴールド
中通4丁目周辺
呉市立港町小学校
吉浦本町商店街(本町アーケード街)
安浦漁港

竹原市
竹原駅前商店街

三原市
三原駅前商店街

尾道市
土堂2丁目周辺
尾道絵のまち通り商店街

山口県

防府市
長沢ガーデン
純喫茶 エトワル
天神 飲屋街
天神町銀座商店街

周南市
喫茶・食事 ポパイ
銀座中央街

所在地非公開
純喫茶 ウスイ

香川県

東かがわ市
自家焙煎珈琲の店 ダンケ

高松市
焼肉 大門
高松信用金庫
トキワ新町商店街
ライオン通商店街
お好み焼 多美也
歓楽街 古馬場町
瓦町一丁目周辺
栄筋商店街 たぬき横丁

坂出市
坂出駅前／駅前通商店街
元町名店街
本通商店街（ハッピータウン本町）
サンロード（港町商店街）

綾歌郡
オッペン化粧品 四国教育センター

丸亀市
丸亀駅前／浜町商店街
通町商店街
通町商店街周辺
喫茶 軽食 河鹿

徳島県

徳島市
ポッポ街商店街
両国橋通り
歓楽街 富田町
歓楽街 栄町
ラブリーサロン ノンノン
茶柱通り
新南会商店街
純喫茶 ブラジリア
徳島みなと公園
COFFEE カナディアン

鳴門市
魚活料理 へんこつ屋

所在地非公開
廃墟 COFFEE HOUSE ドリー／廃バス

愛媛県

今治市
通町1丁目周辺
今治銀座商店街
松本町歓楽街
今治銀座商店街周辺

新居浜市
新居浜自転車商会

高知県

高知市
喫茶・お食事 マホロバ
喫茶 20世紀
旭町一丁目商店街
玉水新地
上町周辺
COFFEE ラテン
上町5丁目横丁

福岡県

北九州市
旦過市場
黄金市場
三六商店街
てんじん商店街
マルコシ市場
銀天市場
大正町商店街
大正町商店街周辺
中川通り
若松のれん街
銘酒街
祇園町銀天街
サンロード栄町商店街
チョイス六番街
紀乃国屋ビル飲食街
寿通り商店街
熊手通り商店街 熊手市場

福岡市
Coffee & Restaurant ブルマーシャン
サンロード商店街周辺
柳橋連合市場
一杯立てコーヒー ベニス
サンセルコ 飲食のれん街
喫茶 ロンリン

久留米市
企業団東櫛原取水場
文化街北通り商店街
文化街商店街
廃墟 マーメイドホテル
廃墟 クラブ ユニバース
古賀構装ビル
歓楽街 文化街周辺
あけぼの商店街
ラーメン屋台

大川市
中央名店街

大牟田市
新銀座商店街
銀座商店街周辺
みずき通り横丁
サンルート商店街

佐賀県

佐賀市
天ぷら 小料理 なにわ
音 楽 喫 茶 Jun ／ COFFEE・軽食 CAPRA
鶴乃堂本舗周辺
松原神社参道
長崎街道
歓楽街 愛敬町
中央マーケット
新道商店街
水ヶ江1丁目周辺

小城市
レストラン のだ萬

長崎県

長崎市
端島（軍艦島）
グラバー園
長崎県印刷会館
長崎電鉄出島ビル
日新ビル
出島アパートあなぶき
長崎新地ビル
銅座町歓楽街
船大工町商店街
思案橋横丁
築町商店街
珈琲 富士
天満市場
新天満市場
川口アパート／浦上百貨センター飲食街
サンモール住吉商店街

大村市
有楽街

熊本県

熊本市
喫茶 ミミ
繁華街 花畑町周辺
河原町繊維問屋街

八代市
八代繁華街

水俣市
さくら通り商店街
COFFEE HOUSE アマンド

大分県

佐伯市
大分バス 大手前バス停

別府市
別府駅周辺
成人映画館 別府ニュー南映
別府タワー

宮崎県

宮崎市
南宮崎駅／喫茶 イフ
TKビル
青空ショッピングセンター
文化ストリート

都城市
廃墟 西都城駅前ビル
西都城駅周辺
お食事の店 ニューとん
喫茶&軽食 シグナル
ナカムラビル
西都城駅前ガソリンスタンド
山之口駅前

鹿児島県

鹿児島市
天文館 裏路地横町
名山町商店街
城南町 バラック建築群

沖縄県

那覇市
珈琲屋 茶暮里（さぼうる）
国際通り
花ブロック
珈琲茶館 インシャラー
市場本通り商店街
第一牧志公設市場
市場中央通り商店街／ちとせ商店街ビル
新天地市場本通り商店街
新天地市場本通商店街裏通り
太平通り商店街
太平通り商店街周辺
むつみ橋商店街
平和通り商店街／八軒通り商店街
コーヒーハウス マッダ
スナック 喫茶 スワン
えびす通り商店街
サンライズ・なは商店街
喫茶 Rose Room
サンライズ・なは商店街周辺
アミューズメントプラザ エンデバー
神里原社交街
竜宮通り社交街
桜坂社交街

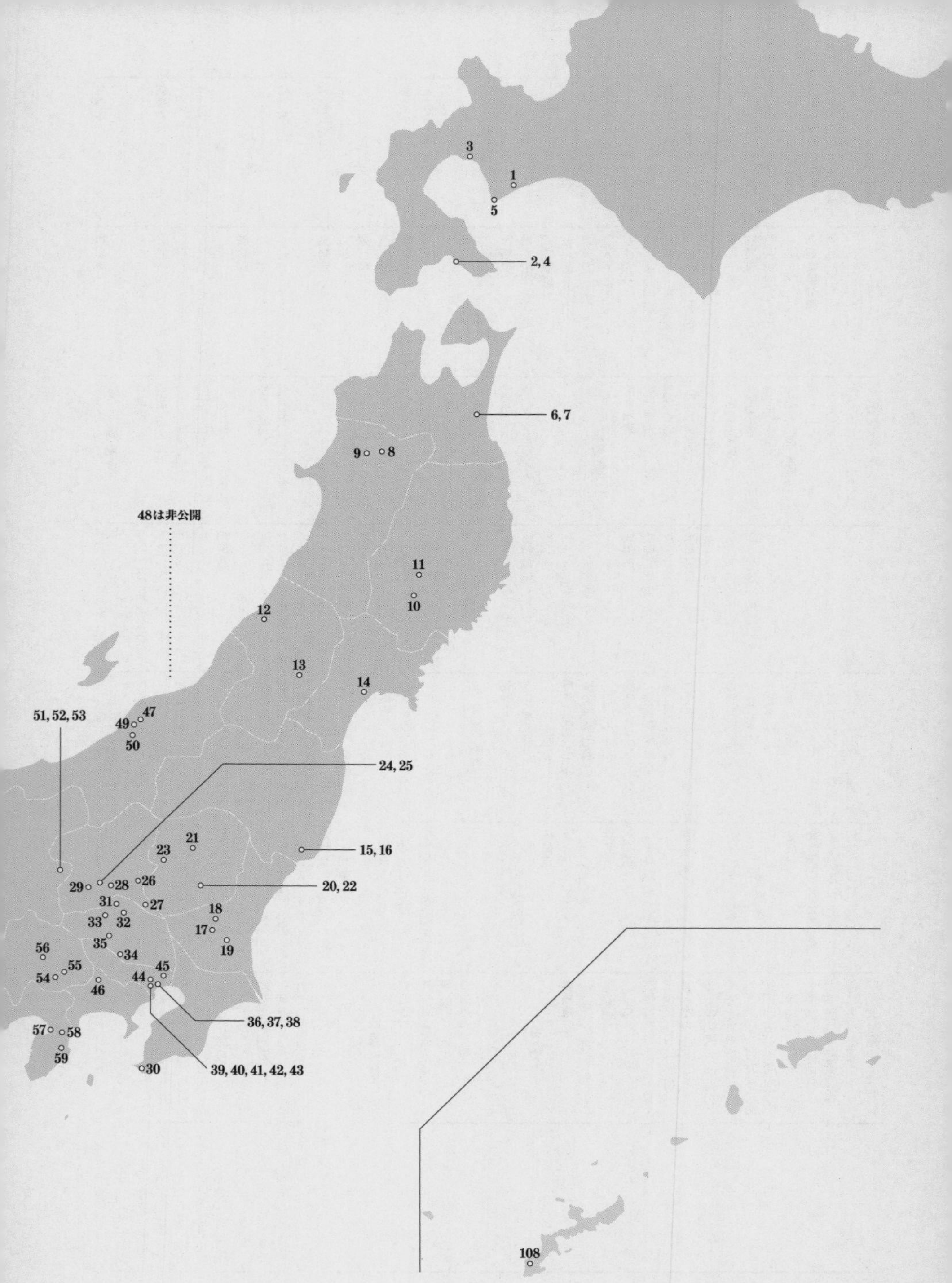
3
1
5
2, 4
6, 7
9
8
48は非公開
11
10
12
13
14
51, 52, 53
49
47
50
24, 25
21
23
15, 16
29
28
26
20, 22
31
27
18
33
32
17
35
19
56
34
45
55
54
44
46
36, 37, 38
57
58
59
30
39, 40, 41, 42, 43
108

昭和遺産
47都道府県
巡礼MAP

写真で紹介の108スポット

[2012.5 - 2019.5]

［解説］

酸味と甘味と苦味と雑味による「郷愁」は遺伝子に組み込まれた素敵な感情なのかも

石黒謙吾

僕の3番目の母親は、中学卒業後すぐから4年間、金沢中央味食街（84ページ）にある店で働いていた。姉弟で預けられていた親戚が出す狭い居酒屋にて。まだ小学校に通っていた弟2人を育てるお金代わりの人手ということで、食事と寝泊まりはあるけど無報酬という生活だったとか。その話を聞いたのは父親の七回忌も済んだつい数年前。以来、金沢に帰ると最初にこのバラック屋台の狭小横丁へ向かうようなった。そのたびに「あ、まだある。よかった」と安堵する。

18歳で金沢を離れたのでこの一角で飲んでいたわけではないけれど、高校時代の魚屋配達バイトで巡っていて脳裏に刷り込まれた情景だ。まして、母親の濃い思い出が染み込んだ場所なのだと知った今、いつまでも残っていてほしいと願う。開発によって壊されて無味乾燥なツルピカビルになど変貌しませんように。

そんな想いと同様、街並みに限らず、銭湯、お店、物、事象と、古いもの全般に惹かれる僕が、ツイッター経由で「昭和スポット巡り」ブログを知ったのが２０１４年7月。武者震いするほどしびれ、すぐに平山雄さんに本をプロデュース＆編集させて頂けないかとメールし、お会いすることに。以来、どこかの版元に企画が通ったら作業に入れるようスポットのセレクトなどは進めてもらっていて、２０２０年春、僕が初のお仕事となる「３０３ＢＯＯＫＳ」社長の常松心平さんに企画書を送ると即、決定を頂き、６年がかりで刊行にこぎつけた。

最初に書いたことは僕の私的な思いだけれど、誰しも「大人」と呼ばれる年齢になっていれば、酸味と甘味と苦味と雑味が混ぜ合わさった「郷愁」という素敵な感情に満たされることはあるだろう。そして不思議なことに、その「懐かしい」感覚が湧いてくる対象は、必ずしも自分の体験からだけとは限らない。見たこともない風景、聞いたこともない音楽、嗅いだことのない匂い。そういった、記憶の外周にある感性のチップスが、なぜだか心の襞《ひだ》の奥深い部分に染み渡ってくるマジック。人間という動物が携える本能の不可思議。もしかするとそれは、遺伝子に組み込まれて連綿と繋がれてきた、「これ、いいだろう？　思い出してくれよな」という古《いにしえ》を生きた祖先からのメッセージなのかもしれない。

平山さんが全国を巡り残してきた偉業を本という形に編集する中、常にそんなことを考えていた。この膨大な写真と文章の記録は、まさに、現在の若者、そして後世の人々に「郷愁」という遺伝子を引き継いでいくためにあるのだと。

本書のタイトルとしては「昭和遺産」という言葉で表したが、もはや、昭和という時制的なくくりを超越した「心の遺産」に昇華している。

［おわりに］

続けていればいいことがある、という実感が

僕は子供の頃から勉強が嫌いでした。そのため学校の成績も悪く、特に国語は大の苦手で、通信簿では5段階評価で2か3しかもらったことがなかったほどです。

そんな人間でも、本を出せるものなんですね。ある日突然、石黒謙吾さんからブログ書籍化のオファーを頂きました。しかし、僕は信じることができず、「これは、本を出したければ相談に乗りますよ、というお話なのですか？　それとも、そちらが本を出したいというお話なのでしょうか？」と返事をしてしまいました。今思えば失礼な話ですが、それでも石黒さんは「僕が出したいのです」とはっきりおっしゃってくださり、ようやく信じることができたのです。

ただ、僕には大きな問題が1つありました。それは、本を出せるほどの文章力がないということ。しかし、それについても「文章なんてなんとかなるから平気ですよ」と、あっさり飲み込んで頂き、句読点の入れ方など、基本中の基本から教わることになったのです。それまで書籍化は考えたことがありませんでしたが、幸運にも本を出す機会を与えて頂いたことにより、感謝とともに、何事も続けていればいいことがあるのだと、あらためて実感しています。

[協力]
平山裕子
純喫茶ヒッピー
石井信久

[PROFILE]

平山 雄（ひらやま・ゆう）

1968年 東京生まれ
ブログ「昭和スポット巡り」で、2012年から、
ジャンルを問わず昭和が体感出来るスポットをレポートしている。
訪ねたスポット数は1700カ所以上。
住まいも、古い一軒家を買い取り、
完全に昭和の家庭を再現して暮らしている。

「できることなら昭和時代へ戻りたいのですが
戻ることはできないので、昭和の服に身を包み、
国産旧車に乗り、和製ポップスでも聴きながら
昭和の面影が残る場所を巡ります」

[STAFF]
写真・取材・文・イラスト　平山 雄
企画・プロデュース・編集　石黒謙吾
デザイン　吉田考宏
校正　楠本和子（303BOOKS）
DTP・写真レタッチ　土屋貴章（303BOOKS）
制作　(有)ブルー・オレンジ・スタジアム

2021年1月18日　第1刷発行
2021年2月 1 日　第2刷発行
2021年3月31日　第3刷発行

昭和遺産へ、巡礼1703景
47都道府県108スポットからノスタルジックな佇まいを

発行者　常松心平
発行所　303 BOOKS
〒162-0842　東京都新宿区市谷砂土原町2-7-19
tel. 050-5373-6574　fax. 03-5225-3031
https://303books.jp/

印刷・製本　広研印刷株式会社
発売元　303 BOOKS

ISBN978-4-909926-06-7　N.D.C.360　159p